AF368826

Fotografías de tapa: Fotografías de tapa: tomadas por Andrea Tammarazio, excepto la de los niños sentados y detrás las banderas que pertenece al Archivo del IIED-AL.

Diseño y composición: Gerardo Miño

Edición: Primera. Marzo de 2016

ISBN: 978-84-16467-00-6

Código IBIC: JHMC

Lugar de edición: Buenos Aires, Argentina

Dirección postal: Tacuarí 540
(C1071AAL) Buenos Aires, Argentina
Tel: (54 011) 4331-1565

e-mail producción: produccion@minoydavila.com
e-mail administración: info@minoydavila.com
web: www.minoydavila.com

Instituto de Desarrollo Económico y Social
dirección: Aráoz 2830
teléfono: (54 011) 4804-4949
fax: (54 011) 4804-5856
e-mail administración: ides@ides.org.ar
web: www.ides.org.ar

Andrea Tammarazio

Ciudades a pie

Etnografía sobre un proceso de urbanización

*A Jazmín, Benicio y Damián,
y a los pequeños urbanistas*

Índice

Agradecimientos

Este libro es el resultado de mi tesis de Maestría en Antropología Social que desarrollé en el IDES-IDAES/UNSAM, cuyo proceso implicó un camino recorrido y construido con otras personas, a partir de diferentes encuentros, etapas y ámbitos de mi vida. Este camino me ha enseñado, entre otras cosas, que la escritura es colectiva.

En primer lugar agradezco a las mujeres y hombres de *el barrio*, con quienes empecé a reflexionar sobre el complejo vínculo que nos une con los espacios en los que habitamos y cuyas historias de *esfuerzo* y *lucha* me permitieron ver las inequidades que conviven en las ciudades, pero también las muchas formas invisibilizadas de transformarlas.

Un lugar especial en mi corazón ocupan los cuarenta y tres niños y niñas que participaron del *Periódico de los Chicos*. La alegría, la curiosidad y el caos que caracterizaron a esos encuentros no sólo aportaron a la investigación etnográfica sino que me condujeron a un camino de reflexión sobre mis propios supuestos, percepciones y prácticas cotidianas. Mi agradecimiento especial a Magalí, Felipe, Chiqui, Facundo y Karin porque a partir de sus charlas, gestos y silencios pude advertir otros sentidos sobre el espacio en el que viven y en el que quieren estar.

Al grupo de mujeres que lleva adelante el proyecto de la Biblioteca "El Ombú" le debo la posibilidad de hacer el trabajo de campo con los chicos y la continuidad de mi presencia en *el barrio*. Agradezco a Isabel Hardoy quien me abrió las puertas de la organización en 2004 para conocer e involucrarme con la historia de la institución; y a Graciela Osuna, Claudia Ojeda y Margarita Ramírez por apoyarme y acompañarme con la idea del *Periódico* en 2007. También agradezco al grupo que hoy conduce este espacio –Irma Quiroga, Norma Neuman, Margarita Velázquez, Estela Corzo, Graciela Osuna y Carolina Velázquez– porque con ellas aprendí a reflexionar sobre el lugar del voluntario, sobre los malabares de gestionar con pocos recursos económicos, sobre cómo lidiar con la toma de decisiones por otros y con otros, y sobre las batallas diarias, individuales y colectivas que se libran para que estas organizaciones barriales persistan en el tiempo.

No hubiera conocido *el barrio* si no hubiera sido por el IIED-AL, un espacio en el que aprendí a estar en los barrios, con mucha libertad y compromiso. Agradezco a quienes fueron mis compañeros por el espacio de desarrollo profesional y personal: a Ana Hardoy, Florencia Almansi, Jojo Hardoy, Guadalupe Sierra, Gastón Urquiza, Gustavo Pandiella, Leonardo Tambussi, Julieta Del Valle, Mari Bertolotto y Adriana Clemente. Agradezco especialmente a Picu por abrirme las puertas de la institución y por transmitir su espíritu de diálogo y respeto en todas las actividades que se llevan adelante, y a Flor, Jojo y Guada con quienes compartí el trabajo, las frustraciones y las ganas de hacer en *el barrio*. En otro orden de cosas, los registros y el material de archivo del IIED-AL fueron fundamentales para reconstruir fragmentos de la historia de estos barrios.

También agradezco al equipo de técnicos y consultores que participaron del PROMEBA I y II de los barrios Hardoy y San Jorge cuya labor me permitió reflexionar sobre las dificultades, contradicciones y limitaciones de este tipo de programas y sobre la capacidad de hacer de los sujetos. A través de su trabajo pude valorar el esfuerzo que hacen las personas cuando están comprometidas con sus tareas. Entre las muchas personas que integraron estos equipos, agradezco especialmente a aquellos con quienes pude compartir más tiempo de trabajo: a Jorge Tellechea, Silvia Gómez, Beto Steñac, Marcela Rocasalva, Cecilia Monti, Virginia Saenz, Regina Ruete, Mariela Cendón, Marisa Fratesi, Mechi De Vedia, Romina Pereyra y María Inés Dossena.

En cuanto a mi acercamiento a la etnografía y a la antropología tienen mucho que ver mis profesores de la maestría, y sobre todo quienes me guiaron en los primeros vaivenes de la tesis, a Claudia Briones por sugerirme trabajar en *el barrio*, un invisible frente a mis narices, y a Rosana Guber por su buen ojo al proponerme trabajar con niños, otro impensable para mí en ese momento. Sus sugerencias me llevaron a conocer a Diana Milstein, quien me orientó durante toda la investigación. A Diana le agradezco su confianza, paciencia y cálido acompañamiento a lo largo de los diferentes –y prolongados– momentos de producción. Valoro su búsqueda por reflexionar seriamente sobre la realidad social, pero sobre todo por transmitir que la búsqueda de conocimiento está en los vínculos con los otros, sin importar la edad, disciplina o ámbitos de procedencia. La profundidad de sus preguntas, su afecto, y el camino de investigar con niños me acompañarán por siempre. Por último, le agradezco por creer que este trabajo valía ser publicado y por la escritura del prólogo.

Agradezco a Mauricio Boivin, a Carolina Gandulfo y a Ramiro Segura, quienes integraron el jurado e hicieron de la defensa de mi tesis el mejor cierre para mi proceso etnográfico. La pertinencia e inteligencia de sus comentarios, su entusiasmo y la humildad en la forma de transmitirlos son una muestra de la generosidad que tienen los buenos maestros. He intentado incorporar sus sugerencias en esta publicación.

A Antonádia Borges y a Elena Achilli les agradezco por el tiempo que le dedicaron a la lectura de esta etnografía, por sus comentarios y críticas que me hicieron repensar, revisar y mejorar algunas cuestiones de la investigación.

Este trabajo contó también con la compañía de un grupo de colegas, unidos por las ganas de hacer y aprender a hacer etnografía. Agradezco a Linda Khodr, María Laura Requena, Alejandra Otaso, Cecilia Carrera, Jesús Jaramillo, Silvina Fernández, María Paula Buontempo, Patricia Vigna, Laura Celia y a Verónica Solari Paz por haber leído, releído y discutido los borradores de esta tesis hasta el cansancio. Sus interpelaciones, comentarios y sugerencias fueron esenciales para el proceso de reflexividad que implica hacer etnografía. Le debo a Ale la sagaz sugerencia del uso de comillas y cursivas, un recurso fundamental para mi proceso de extrañamiento y una forma que me ha permitido mostrar el proceso de construcción de la alteridad; y a Laura le agradezco su apoyo de amiga cuando el plan se tornaba inalcanzable. Encontré en este grupo intereses comunes, mucha capacidad, pero sobre todo, a un grupo de personas buenas con ganas de contribuir en algo al mundo. Con varias de ellas continuamos trabajando en el proyecto PICT 1356-2010 "Un nuevo lugar social para la escuela estatal. Entre la irrupción de la política y la emergencia de nuevas infancias y adolescencias" (Investigadora Responsable: Diana Milstein. Financiado por ANPCYT/FONCYT - Préstamos BID 2437), un espacio de investigación y discusión que también ha contribuido a este escrito. En este ámbito, agradezco a Analía Meo y a Phillip Mizen por la lectura y observaciones sobre el primer capítulo.

Por último, mi agradecimiento a mi familia y a mis amigas, una contención esencial para poder sostener un proyecto que ocupó varios años de mi vida. Agradezco especialmente a mi mamá por leer minuciosa y críticamente este trabajo, por su estímulo constante y alegre, y por enseñarme que con trabajo y convicción uno puede lograr lo que se propone. A mi papá, por los diálogos en los que compartimos reflexiones y ganas de aprender de la vida y con otros. Y a los tres amores que hacen de mi hogar un lugar en el que siempre quiero estar; a Damián por sus lecturas, innumerables conversaciones sobre el tema, y ganas de soñar juntos; y a Jazmín y a Benicio porque me recuerdan permanentemente la satisfacción de explorar y reinventar los circuitos de la vida urbana.

Prólogo

por Diana Milstein

En el año 1967, John Hotchkiss publicó un texto en el que argumenta sobre el lugar central que tienen los niños y las niñas en una comunidad ladina de Chiapas en México[1]. Tuve referencias de este trabajo poco tiempo antes de comenzar a escribir este prólogo y me resultó muy sugerente que un antropólogo, 50 años atrás, haya encontrado que los niños y las niñas cumplían una función básica para mantener la vida social en una ciudad pequeña de Chiapas. El autor argumentaba que los niños eran uno de los recursos más valiosos para sostener la reputación y asegurar la privacidad de los adultos. Hotchkiss y los teopiscanescos son extraños para nosotros en muchos aspectos, pero en la descripción de los comportamientos y las interacciones de los niños teopiscanescos, al igual que las de los niños de los barrios Hardoy y San Jorge, podemos acceder a algunas claves de comprensión de las formas de mantener la vida social en una comunidad. Andrea Tammarazio encontró que las perspectivas de los niños integraban y constituían el proceso de urbanización que atravesaba las vidas de los vecinos. Descubrió con ellos, que el proceso de urbanización es muy complejo, que excede ampliamente la problemática estudiada sobre el disciplinamiento que ejercen las políticas sociales y que, en gran parte, consiste en comprender cómo se incorporan formas inéditas de organizar el espacio vivido a través de prácticas cotidianas intervenidas por las acciones que se derivan o son resultado de las políticas públicas.

A pesar de que la/s niñez/ces y la/s infancia/s son conceptos presentes en diversos enfoques y en las distintas disciplinas que se ocupan de estudiar la vida urbana, los niños, las niñas y sus interpretaciones acerca de los temas y problemas específicos de esta investigación, no ingresan en la mayor parte de los debates académicos. Destaco en este sentido lo difícil

---

1   El título del artículo es "Children and Conduct in a Ladino Community of Chiapas, México" y fue republicado en 1970 en español, con el título "Infancia y conducta en la zona central de Chiapas" en el libro *Ensayos de antropología en la zona central de Chiapas*, compilado por Mc Quown y Pitt Rivers y publicado por el Instituto Nacional Indigenista de México.

que fue el trabajo de análisis y de composición de esta tesis en cuanto al lugar que la autora le iba otorgando a los niños y las niñas a medida que iba elaborando los capítulos, tanto en cuanto a su protagonismo en las descripciones como respecto a la construcción del objeto de estudio. Como resultado de ese trabajo Andrea logró encontrar el punto justo para no "convertir" a sus interlocutores niños y niñas en objetos y sostenerlos como sujetos cuyas experiencias sociales organizadas reproducen y producen significados relevantes para comprender la vida social.

Esta etnografía incluye las perspectivas de los niños a la par que las de sus interlocutores adultos tanto en los datos que construye, como en los análisis y resultados que expone. Los capítulos están organizados en una secuencia que invita al lector a acompañar lo que la autora denomina muy adecuadamente como recorridos y encuentros etnográficos. Relatando sus recorridos y encuentros nos interna en la comprensión de la cotidianeidad de la vida de vecinos y vecinas en un proceso de "relocalización" y "reordenamiento" urbano que afecta, muchas veces de manera negativa, las dinámicas de los espacios domésticos y compartidos. La vida en el barrio está descripta minuciosamente a lo largo de los capítulos, intercalando diálogos y escenas vividas y muy adecuadamente seleccionadas y narradas. Las fotos son parte del modo en que la autora elige narrar, logrando que se constituyan en parte altamente significativa del desarrollo argumental. Las fotos de esta etnografía "hablan", "cuentan historias", forman parte de la trama narrativa y analítica. Desde el capítulo introductorio las fotos invitan a detener la lectura del texto para incluir una actitud contemplativa y analítica, que nos instala de lleno en la problemática de esta investigación. Este aspecto merece ser especialmente subrayado, porque las imágenes fotográficas producen sentidos que amplifican, profundizan, particularizan, detallan la descripción, nos vinculan con otra expresión de los puntos de vista y perspectivas que constituyen la realidad estudiada y nos conectan con los modos en que la investigadora fue construyendo su argumento. Las fotografías fueron durante todo su proceso de investigación una modalidad para establecer vínculos con el mundo social que estudiaba y documentos a los que recurrir para interrogarse y problematizar porque le permitían detenerse en el instante, reconstruir escenas y volver una y otra vez sobre lo elaborado. En este sentido, las fotografías no sólo juegan un rol destacado en el libro, sino que han sido parte fundamental del proceso reflexivo de la investigadora. En muchos casos, resultaron un instrumento clave para producir los procesos de extrañamiento varias veces mencionados por la autora, que dieron lugar a diálogos fructíferos entre sus puntos de vista como comunicadora, técnica, madre y etnógrafa.

Andrea, en la interacción con vecinos y vecinas de los barrios –adultos, jóvenes y niños/as–, con los socios de la ONG, con los archivos y los documentos, con la bibliografía interdisciplinar y muy apropiada que selecciona, y con los colegas con quienes mantiene un trabajo de intercambio y producción colectiva constante, explica la transformación de los barrios como un proceso en el que intervienen las políticas públicas y las prácticas políticas de la vida cotidiana, las acciones de colaboración y las de conflicto. De esta manera, la lectura de este libro interpela tanto el ámbito de un aspecto central de las políticas públicas, como algunas nociones elaboradas desde las Ciencias Sociales que nutren y sustentan los discursos que expresan estas políticas. Así, por ejemplo, es destacable la puesta en cuestión de nociones tan difundidas como "pobreza urbana" o "periferia".

Entre los aportes más destacados de esta investigación señalo las posibilidades que abre para un replanteo de las "tradicionales" formas de planificación que se despliegan haciendo abstracción de la vida social de sujetos concretos en los complejos procesos de urbanización en las grandes ciudades. Gran parte de esa nueva mirada se manifiesta en el sentido etnográfico otorgado al "caminar". Caminar no es simplemente pasar por el lugar o territorio, desplazarse o circular. Es una experiencia de descubrimiento de la realidad que, como acertadamente sostiene la autora, conlleva sentidos diferentes de concebir el espacio urbano:

> *"creo que es importante reflexionar sobre las formas de hacer y estar en los barrios de técnicos, funcionarios y planificadores urbanos. Muchos de ellos* caminan el barrio *y otros tan sólo hacen 'recorridas' o 'diagnósticos' que confirman 'pliegos' sin reparar en la vida en* el barrio. *Como vimos, ambas formas de circular conviven en la construcción y disputa de los espacios, y responden a dinámicas cambiantes y ambivalentes. Incorporar las prácticas de los sujetos –que piensan, sienten e interactúan con 'otros'– seguramente sea valioso para comprender los conflictos y contradicciones de los programas de urbanización 'formales' en 'asentamientos informales' "(151).*

Una última consideración merece la inclusión de este libro en la colección "Antropologías y procesos educativos". La publicación de este volumen implica un aporte sustancial para los debates sobre procesos de socialización de niños y niñas en ámbitos no escolares y abre perspectivas originales para interrogar y estudiar cómo los niños que viven en las ciudades forman parte de las disputas por los modos de organizar, regular y representar el espacio urbano impuesto por la "implementación" de las políticas públicas de "reordenamiento urbano".

Introducción

Presentación y planteo del problema de investigación

Cuando encaré esta etnografía mi mirada sobre los procesos de urbanización se centraba principalmente en los cambios respecto a la infraestructura pública, la provisión de los servicios básicos, en la propiedad y legalidad de la tierra y en la construcción y calidad de las viviendas; cambios que asociaba a un modelo de progreso urbano que tenía naturalizado y cuyo éxito lo conectaba con la necesidad de la participación de la población involucrada. De esto me hablaban los pobladores con los que realicé el trabajo de campo: del deseo de tener *las escrituras*, de que "*La cloaca la hizo mi papá*"[1] (Abril[2], 6-3-04), de que "*Las calles eran de tierra y ahora son de asfalto*" (Karin, 1-6-07), de que se mudaron a una casa "*que está pintada muy bien*" y es "*como un departamento*" (Fabián, 1-6-07), de que "*no rompamos los juegos de la plaza nueva*" (chicos del apoyo, 14-10-09), o del valor de tener *el gas*. Así los habitantes referenciaban aquello que los programas de gobierno definían como impacto en el "mejoramiento del hábitat urbano y en la calidad de vida"[3] de la población "beneficiaria" de este tipo de intervenciones. Con el tiempo, y particularmente estimulada por el trabajo que desarrollé con niños y niñas, fui ampliando mi forma de ver los procesos de urbanización y fui advirtiendo las fricciones entre las diferentes prácticas de los sujetos que habitan *el barrio*, los que "trabajan", entre lo que se hace y lo que se dice que se hace, y las tensiones entre los procesos llamados "formales" y los "informales" que configuran las ciudades.

---

1 Utilizo itálicas y comillas para expresiones nativas individuales, y sólo itálicas para expresiones nativas de uso cotidiano de los habitantes de los barrios analizados.

2 Los nombres de los protagonistas de este libro son en su mayor parte ficticios. He conservado sólo los nombres reales de aquellas personas adultas que han hecho, consentidamente, declaraciones públicas ya sea en documentales, artículos de revistas, o libros.

3 Utilizo comillas para expresiones técnicas del ámbito urbano que, como se verá más adelante, también considero voces nativas.

Al incorporar experiencias y relatos cotidianos, cuyo valor solía pasar por alto, logré replantear mi modo de entender la "participación comunitaria" y percibir aspectos del proceso de transformación urbana velados. Por ejemplo con Felipe cuando me contaba que *"fui a pescar por ahí [el río] con mi papá y se me cayó la zapatilla. Después mi papá agarró la caña y pescó mi zapatilla"* (3-2-07), o cuando un grupo de chicos buscaba saltamontes en *el campo,* en un terreno ocupado por un "plan de viviendas sociales" (2-3-07), o cuando una niña me decía que no le gustaba vivir en el "barrio nuevo" porque no podía estar más con sus amigas ni visitarlas por temor a *pasar* por una determinada *esquina* (Magalí, 1-6-07). Así, con los niños[4] –y con los adultos–, pude comprender que los procesos de urbanización no son sólo consecuencia de las acciones del Estado o intervenciones oficiales, sino también y fundamentalmente de aquellas otras acciones y prácticas cotidianas de las personas que construyen día a día la vida en *el barrio*.

En Argentina, la legislación respecto de lo urbano es primordialmente espacialista; es decir, que responde conceptualmente a que la ciudad es una porción de territorio físico que es necesario "ordenar", más allá de los habitantes que la habitan y la usan. Sin embargo, desde hace unos años ha cobrado mayor presencia en la discusión de lo urbano una mirada social del espacio, lo que se suele llamar "hábitat informal" o "producción social o popular del hábitat" (Di Virgilio *et ál.*, 2012a, 2012b; Rodríguez *et ál.*, 2007), que incluye a los "asentamientos irregulares", "loteos populares" y "villas"[5]. La actualidad de esta temática a nivel nacional se pone de manifiesto en la sanción de la Ley de Acceso Justo al Hábitat para la provincia de Buenos Aires en noviembre de 2012[6]. Acostumbrada a pensar que tanto la traza como la estética de los barrios "informales" no se corresponden con el modelo urbano propuesto por el Estado, a partir de la exposición de la visión de los habitantes y de problematizar mi propio lugar en la investigación, me he dado cuenta que es necesario invertir este supuesto y, por el contrario, preguntarse: ¿por qué el modelo oficial no se corresponde con el que proponen los sujetos que habitan estos espacios de la ciudad? Así propongo en este trabajo discutir con los discursos sobre "la pobreza" que plantean las políticas públicas, los medios de comunicación y buena parte del sentido común de las clases medias que suelen caracterizar a los barrios "informales" y a los sujetos que viven allí desde la "vulnerabilidad", "miseria", "carencia".

---

4   Con el sólo propósito de facilitar la lectura, utilizo el masculino plural de "niños" como genérico para referirme tanto a los niños como a las niñas.

5   Estos conceptos hacen referencia a las diferentes estrategias de autoconstrucción, microcréditos y organización comunitaria de los sectores populares mostrando la capacidad de producción social del espacio urbano en condiciones desfavorables.

6   Para ampliar la normativa referida a la regularización de la tierra en la Región Metropolitana, véase Di Virgilio *et ál.* (2012b).

Los procesos de urbanización que involucran a los barrios que aquí analizo, Jorge Hardoy y San Jorge, llevan más de seis décadas, y se han desarrollado a partir de la convivencia de procesos de ocupación individual o familiar de terrenos vacíos con políticas de relocalización compulsiva de grupos por parte del Estado, con instancias de organización comunitaria y gestión participativa, con otros períodos en donde la intervención de programas públicos alcanzó física y diariamente a los barrios.

Estos barrios se encuentran al borde de la ruta nacional N° 202, una de las principales vías que atraviesa el partido de San Fernando, a aproximadamente 30 kilómetros al norte de la Ciudad Autónoma de Buenos Aires, en lo que se conoce como el "segundo cordón" del conurbano bonaerense. Tienen, entre ambos barrios, una población aproximada de 3.000 habitantes, con un promedio de cuatro personas por hogar, y un 35,7% de niños y niñas menores de 14 años (INDEC, Censo 2001)[7]. Sus pobladores trabajan, en su mayoría, en lo que se denomina "sector informal" y reciben planes sociales del Estado. Los barrios se ubican próximos a centros comerciales y productivos, y a poca distancia de diferentes redes de transporte público. Integran, según la última Encuesta Socio-demográfica y Económica de la Unidad Municipal de Estadísticas y Censos (2006), los diecisiete "barrios carenciados" con la "población más vulnerable" del municipio de San Fernando.

Estos asentamientos, además de compartir una ruta como uno de sus límites geopolíticos, están ligados por una historia que se inicia en la década de 1950. También los une *la lucha por la tierra y el agua* y otros servicios básicos, lazos familiares y de vecindad, y una red de instituciones y actores sociales que tienen en común –y que ampliaré en el segundo capítulo–.

Mapa satelital de los barrios San Jorge (izquierda) y Hardoy (derecha) y alrededores (Google Earth, 2013).

---

7   Los datos consignados en este escrito corresponden a las últimas cifras oficiales públicas disponibles al 8 de octubre de 2014.

El origen y la expansión territorial de estos barrios –al igual que en la mayoría de las "villas", "asentamientos irregulares", o "barrios informales" del Gran Buenos Aires– se suelen explicar por la "intervención" y el impacto de diferentes políticas públicas más que por la "producción social del hábitat" por parte de sus habitantes. En este trabajo critico esta explicación y doy cuenta de estos procesos de urbanización desde la perspectiva de los sujetos, lo que implica considerar también las etapas de autoconstrucción y aparente ausencia del gobierno, así como las acciones por fuera de los espacios de participación "formales".

Una esquina en el barrio Hardoy (2007).

Calle en barrio San Jorge (2010).

En estos procesos de urbanización participan muchos sujetos: los primeros habitantes que ocupan terrenos vacíos, los familiares que vienen después, los hijos que crecen y amplían sus viviendas, las organizaciones e instituciones que surgen y se instalan –y las que no–, los vecinos de los demás barrios, las empresas lindantes, los funcionarios de gobierno que formulan las diferentes políticas públicas, los arquitectos, urbanistas, ingenieros que diseñan los barrios –o parte de ellos–, los técnicos de diferentes disciplinas que ejecutan y "acompañan" los programas de "mejoramiento" o "reordenamiento" a nivel territorial, los comercios de la zona, industrias, y así podría seguir enumerando a un sinfín de actores sociales e instituciones que constituyen la trama social de estos barrios.

Para abordar este entramado social, propongo desplazar el eje de la mirada de las acciones organizadas, ya sea por el Estado u organizaciones civiles, llevadas a cabo desde la lógica hegemónica de diseño, uso y distribución de la tierra para incorporar a los procesos de urbanización llevados a cabo desde los pobladores respondiendo a la dinámica de la vida cotidiana y a la disponibilidad de los recursos. Si bien las lógicas y las acciones pueden ser distinguibles, ambos procesos transcurren en paralelo, organizando, transformando y disputando política e históricamente la ciudad, articulados entre sí como parte de un mismo contexto. En este sentido, hablaré de procesos de urbanización oficiales o también llamados "formales" como aquellos que responden a la lógica de "ordenamiento" por parte de las acciones de las políticas públicas, y de procesos de urbanización "informales" como aquellas prácticas políticas de los sujetos en su vida cotidiana.

La propuesta de esta etnografía es hacer dialogar estas posturas coexistentes, permeables, en tensión, para conocer cómo los diferentes actores son parte de un mismo proceso que construye barrios como parte de la ciudad. Así me enfocaré en las tensiones entre las prácticas situadas de los sujetos residentes y las acciones de las políticas públicas de "reordenamiento territorial y habitacional" implementadas en los barrios Jorge Hardoy y San Jorge.

El objetivo que me planteo es responder a la siguiente pregunta: ¿Cómo los niños y los adultos que habitan estos barrios configuran el espacio y disputan desde su cotidianeidad la forma de organizar, regular y representar el espacio urbano impuesta por la "implementación" de las políticas públicas de "reordenamiento urbano"?

Varias preguntas guiaron el desarrollo de esta etnografía: ¿Qué concepciones subyacen al ordenamiento espacial que proponen las políticas del Estado; y cuáles a los habitantes de los barrios? ¿De qué modo se ponen de manifiesto las diferentes concepciones? ¿Cómo coexisten las diferentes formas de apropiación, tensión y ejercicio de poder en los procesos –"formales" e "informales"– de urbanización de estos barrios? ¿Quiénes son los diferentes actores sociales que intervienen en estos procesos históricos, y de qué manera lo hacen? ¿Qué sentidos les otorgan los habitantes a los diferentes espacios y a los cambios en los barrios? ¿En qué coinciden y en qué se diferencian con la forma de significar de los técnicos y funcionarios políticos que implementan las políticas públicas de "reordenamiento urbano"? ¿Cuál es el aporte de incorporar las interpretaciones de los residentes –tanto adultos como niños– al conocimiento de los procesos de urbanización, qué aporta ello a las políticas públicas y cómo este tipo de investigación contribuye a repensar la problemática de "la pobreza urbana"?

La problemática que analizo se inserta en el ámbito de la antropología y sociología del espacio, la antropología urbana y los estudios sociales de geografía cultural. La revisión bibliográfica responde a los conceptos centrales que problematizo a lo largo de este trabajo: espacio social, relaciones de poder y politización. Además, he revisado antecedentes referidos a contextos empobrecidos y procesos de transformación urbana, con los que pude discutir y reflexionar principalmente sobre las categorías de "pobreza urbana", "participación", "relocalización" y "vulnerabilidad".

En este libro intento mostrar que para entender los procesos de urbanización es necesario conocer el contexto y los procesos macro-estructurales: el déficit habitacional y la especulación de tierras de mercado (Vogel *et ál.*, 1995: 5), las limitaciones en el acceso a la propiedad de los sectores populares, el mercado de alquileres y la compra-venta de habitaciones y viviendas (Di Virgilio *et ál.*, 2012a); pero también implica incorporar la dimensión social de las prácticas espaciales como constitutiva de los procesos de transformación política del espacio.

En este sentido, Lefebvre (1974), De Certeau (2000), Agier (2011, 2012) y Santos (1996) me resultaron esenciales para pensar qué concepciones subyacen al ordenamiento espacial que proponen las políticas del Estado, y analizar las prácticas situadas de los sujetos como agentes de transformación y cambio de y en la ciudad. Estos autores consideran las ciudades principalmente como espacios vividos, y hacen una crítica a aquellas posturas que conciben el espacio físico, del planificador urbano, como independiente o divisible de las relaciones sociales. La lectura de Henri Lefebvre (1974) me ayudó especialmente a reflexionar sobre las tensiones entre lo que este sociólogo llama "espacio percibido" de la vida diaria y las percepciones del sentido común, el "espacio concebido" de los cartógrafos, urbanistas o especuladores inmobiliarios, y el "espacio vivido" de la imaginación tratado en las artes y la literatura. Su postura, basada en el concepto de "espacio social" y de ciudad entendida como un sitio eminentemente de interacción social e intercambio, establece la importancia de las experiencias vividas en el territorio y sostiene que el espacio geográfico es fundamentalmente social. Esta postura me ha orientado para reflexionar sobre cómo los actores involucrados en los procesos de urbanización –grupos, instituciones e individuos– coexisten y se posicionan de manera diferente en una red de relaciones, disputando y configurando el espacio urbano a partir de diferentes formas de politización. Así pude pensar sobre los sentidos, usos, condiciones de aprendizaje, reglas y restricciones que dan cuenta de la relación de los individuos con los barrios en los que viven, y repensar el modelo de organización urbanística que responde a una ciudad occidental, funcional, de "progreso" para incorporar los procesos llevados a cabo por sujetos que organizan y disputan el espacio de acuerdo a contextos dinámicos, históricos, relacionales y experimentados.

La apuesta de este libro es, además, incorporar las nociones y posicionamientos de los niños que habitan en estos barrios, quienes también ingresan en los debates y en la disputa de interpretaciones aunque habitualmente el valor de sus aportes suele ser ignorado o desestimado.

Aun en los proyectos y programas de urbanización que proclaman la participación de la población, los "expertos" en temas de planificación y gestión urbana, o aquellos que diseñan o ejecutan las políticas públicas destinadas a gestionar el espacio urbano no suelen considerar a los niños como interlocutores válidos, con igual peso y valor en la toma de decisiones que los adultos; tampoco lo hacen sus padres, madres y otros adultos en los diferentes ámbitos domésticos e institucionales de sus barrios. En este sentido, incorporo las experiencias e interpretaciones de los niños, con el mismo estatus, experticia y valor de legitimidad que considero respecto de los "otros", ya sean éstos adultos –técnicos o pobladores– o jóvenes, porque considero que darle visibilidad a sus voces contribuye a la comprensión de la problemática del espacio urbano.

En este trabajo muestro que *los chicos* –como ellos se llaman a sí mismos– son parte del proceso de transformación de su *barrio*; son activos en el proceso histórico político, social, económico en vigencia, aunque no participan con poder de decisión ni visibilidad en los espacios de participación legitimados por los adultos. Los niños con los que he trabajado han vivido la implementación de dos programas públicos de "mejoramiento barrial", pero también han experimentado los otros períodos a través de los cuentos y recuerdos de familiares y vecinos, además de que recorren, *caminan,* observan, juegan, participan en diferentes actividades y así aprenden el día a día de su *barrio* permanentemente. Trato de demostrar que atender a sus miradas puede brindar aportes significativos a la hora de tomar decisiones tan importantes como el diseño y la construcción de un barrio, "planes de relocalización" y diferentes prácticas vinculadas a los procesos de urbanización "oficiales" e "informales". La propuesta es describir sus interpretaciones con el fin de aportar al debate y a la construcción de políticas públicas, incorporando la participación política[8] del conjunto de los actores sociales involucrados en los procesos de urbanización.

---

8   Siguiendo a Swartz *et ál.* (1994), considero "lo político" como un proceso que es público, que se orienta a la búsqueda y consecución de metas colectivas, que cuenta con acuerdos sociales y que involucra un "poder diferenciado (en el sentido del control) entre los individuos del grupo en cuestión". Es decir, entiendo el poder político no sólo desde una visión jurídica del poder (Foucault, 1978) restringida al ámbito administrativo del Estado, sino también como un proceso dinámico dentro de la vida social cotidiana, en tanto poder que se ejerce; como "prácticas de lucha, confrontación, negociación, acuerdos y desacuerdos entre actores sociales" (Milstein, 2009: 27).

Esto resulta de interés para los estudios sobre las ciudades pues intenta superar el enfoque adulto-céntrico, históricamente dominante en este tipo de abordaje temático. Asimismo, es un estudio relevante para las distintas políticas públicas vinculadas a los procesos de urbanización, así como a las políticas sociales, sobre todo a aquellas que tienen como "beneficiarios" a los niños y a los sectores de la población que habitan en contextos empobrecidos. También pretendo hacer una contribución a los estudios sociales de antropología del espacio y antropología urbana, así como a los estudios de antropología y sociología de la infancia.

El trabajo de campo

La ONG, la biblioteca y el PROMEBA I

Mi vínculo con los barrios Hardoy y San Jorge se inició en 2004. Tuve entonces la oportunidad de trabajar en un breve proyecto en el barrio San Jorge como voluntaria en el Instituto Internacional de Medioambiente y Desarrollo-América Latina (IIED-AL por sus siglas en inglés), ONG que inició su trabajo en este asentamiento en 1987 y que representó un rol central –como desarrollaré en el capítulo dos– en el proceso de urbanización "formal".

A través de esta participación me contacté con un grupo de mujeres que llevaba adelante *la biblioteca* infantil del barrio Hardoy, con las que inicié un vínculo como voluntaria, centrado en el acompañamiento de la gestión de la organización. Desde entonces y hasta la fecha, realicé en *la biblioteca* actividades administrativas y de búsqueda y gestión de fondos, participé de fiestas, salidas, muestras, ferias de ropa, reuniones con otras instituciones, reuniones de equipo, y –desde 2011– de las reuniones mensuales de la Comisión Directiva, integrada por siete mujeres, de las cuales seis, viven en *el barrio*.

Juegos en el festejo del Día del Niño en *la biblioteca* (23-8-13).

En 2006, me incorporé al *staff* permanente de la ONG IIED-AL y me inserté en las actividades de "acompañamiento social" que tenía a cargo la institución en el marco de la ejecución del "Programa de Mejoramiento de Barrios" –de aquí en más PROMEBA– implementado en los barrios Hardoy y La Paz –barrio aledaño–, cuyo objetivo principal es "mejorar la calidad de vida y contribuir a la inclusión urbana y social de los hogares de los segmentos más pobres de la población residentes en villas y asentamientos irregulares"[9].

Entre comienzos de 2006 y hasta mitad de 2007, mi trabajo consistió en colaborar con las actividades del equipo técnico[10]. Así fue que "visité" a las "familias beneficiarias" casa por casa; establecí encuentros informales y conversaciones con muchos pobladores, participé de la reunión semanal de la "mesa de trabajo" que se realizaba con "delegados", técnicos muni-

---

9   El PROMEBA es un programa de alcance nacional del Ministerio de Planificación Federal, Inversión Pública y Servicios de la Nación con financiamiento del Banco Interamericano de Desarrollo, y supervisado y gestionado por los gobiernos nacional, provincial y municipal. El objetivo de este programa es transformar las "villas" y "asentamientos" a partir del "reordenamiento urbano de asentamientos poblacionales", la provisión de servicios e infraestructura básica y la regularización de la tenencia de la tierra. Fuente: página web oficial del PROMEBA [http://www.promeba.org.ar] (mayo 2013). El tipo de obras ejecutadas, la forma de trabajo, el presupuesto, la articulación y "participación" de los diferentes actores a nivel barrial difiere según cada "licitación de obra" y gestión local.

10 El PROMEBA, a diferencia de otros programas de urbanización del Estado, incorpora un equipo de "consultores" interdisciplinario (profesionales del ámbito: "social", "urbano", "ambiental" y "legal") cuya función es acompañar el avance del programa articulando con los pobladores y otros actores intervinientes. Este grupo de personas se denomina "equipo de campo".

cipales y "el equipo de campo", participé de la atención de un "espacio de consultas" y reclamos que funcionaba en el "obrador" –lugar de acopio y centro de operaciones de la empresa constructora–, hice "relevamientos" y diferentes observaciones oculares de la situación de las viviendas, calles, presencia de basura, animales, y participé de las reuniones semanales del equipo técnico y de la elaboración de informes. Desde ese lugar, conocí e interactué con los diferentes actores intervinientes en el programa: técnicos del Estado –nacional, provincial y sobre todo municipal–, autoridades y trabajadores de las empresas contratistas a cargo de las obras, arquitectos, trabajadores sociales y otros profesionales, "delegados" barriales, vecinos "beneficiarios", referentes de instituciones públicas y organizaciones barriales. Durante esta etapa, me involucré como técnica en un proceso complejo de acuerdos, desencuentros, dificultades para gestionar recursos del Estado, burocracias y disputas políticas, sociales y técnicas.

"Recorrida" por el barrio San Jorge con técnicos del "equipo de campo", "delegados", representantes del municipio y de la empresa constructora (29-9-09).

Mi cuaderno con la agenda de temas de una reunión de la "mesa de trabajo" del PROMEBA I. (8-5-06).

 CIUDADES A PIE. ETNOGRAFÍA SOBRE UN PROCESO DE URBANIZACIÓN

Para distanciarme de mis interlocutores habituales –adultos–, entre enero y julio de 2007 decidí trabajar con niños, en paralelo a mis actividades en la última etapa de implementación del PROMEBA I. *Los chicos* no tenían voz ni voto en los espacios formales de participación dentro del ámbito del programa de gobierno, ni tampoco eran convocados especialmente en las reuniones o diversas actividades con "vecinos". La propuesta de hacer trabajo de campo con niños se constituía en una oportunidad de interactuar con sujetos con los cuales no solía hacerlo desde mi rol como técnica del PROMEBA –pero sí como voluntaria de *la biblioteca*–, lo que facilitaría el proceso de extrañamiento con *el barrio* y con los roles que yo desempeñaba en la relación con los pobladores.

Con el fin de generar encuentros regulares, los convoqué a participar de una actividad en *la biblioteca* infantil del barrio Hardoy, Biblioteca "El Ombú", con la cual estaba vinculada desde hacía tres años como voluntaria.

Teniendo a disposición *la biblioteca* como lugar de encuentro, decidí plantear un taller para armar un periódico barrial por fuera del horario de las actividades regulares de la institución y con el propósito de realizar lo que presenté como una "investigación para la facultad". Si bien todos mis interlocutores conocían este fin, para la mayoría de los niños –y para la mayoría de sus padres y el equipo de *la biblioteca*– yo seguiría siendo una de *las seños* que jugaba, leía o realizaba alguna actividad recreativa con ellos; o bien algunos otros me asociaban con *el Instituto* o el IIED (la ONG), e incluso con *la municipalidad* por mis tareas dentro del PROMEBA.

El Periódico de los Chicos

La metodología de trabajo en los diferentes encuentros mantenidos con los niños consistió en: observación participante, entrevistas abiertas, y conversaciones individuales y grupales en el espacio de *la biblioteca*, en la calle caminando hacia algún sitio, en instituciones barriales y/o en sus casas. Tomé notas de algunos intercambios –en el momento y a posteriori– y grabé otros. También analicé el material gráfico –dibujos, anotaciones, juegos, entrevistas, fotos– que los niños elaboraron para los tres periódicos realizados.

Haber elegido *la biblioteca* como sitio de encuentro facilitó la convocatoria y participación de los niños porque tanto niños como padres conocían a la institución barrial y las actividades que se realizaban allí. Mi experiencia y trato previos con la mayoría de ellos acortaron los tiempos necesarios para generar "rapport" y, sobre todo, facilitaron la comprensión de los diálogos. Gran parte de las referencias espaciales que hacían los niños en relación a los espacios "dentro" y "fuera" de *el barrio* no me eran extrañas, la mayor parte de las veces no tenía dificultad para orientarme en sus discursos y así pues yo misma naturalizaba estas formas de hablar sobre el espacio: *el apoyo, la 27, el zanjón, el río, los del fondo, los que paran en el árbol, los del Gauchito Gil, los de la canchita, los que paran en la entrada, lo de Canti,* etc. Este conocimiento previo resultó esencial para acercarme a los niños y generar un clima de "complicidad" ya desde los primeros encuentros.

Mi propuesta consistió en una reunión semanal con el fin de armar el *Periódico de los Chicos*, nombre elegido por los niños en los primeros encuentros para la publicación que luego se distribuiría en *el barrio.* Entre febrero y julio de 2007 nos reunimos todos los viernes a partir de las 15.30 hs, horario en el que finalizaban las actividades de *la biblioteca.* Un total de cuarenta y tres niños y niñas de entre siete y doce años[11], habitantes de los barrios Hardoy y San Jorge y aledaños (La Paz y Héroes de Malvinas), participaron de al menos una reunión en el ámbito del taller, y hubo un grupo de alrededor de diez niños que asistió con regularidad durante los seis meses del periódico. La asistencia fue irregular; hubo días en que había quince niños, y otros en que éramos sólo dos o tres personas.

La mayoría de los niños vivía en un radio no mayor de cuatro o cinco cuadras de distancia de *la biblioteca* y muy excepcionalmente venían acompañados por sus padres o hermanos mayores. Los niños se conocían entre sí; eran familiares, amigos, vecinos o compañeros de colegio, la mayoría vivía en el barrio Hardoy e iba con regularidad a *la biblioteca,* aunque también participaron niños que vivían en los barrios San Jorge, La Paz y Héroes de Malvinas.

Las reuniones duraban dos horas aproximadamente. La dinámica dependía mucho del grupo de niños participantes: si se conocían o no, si eran mayoría varones o mujeres, si eran más grandes o más chicos, si eran muchos o pocos, si yo los conocía de antes o no. Cuando había muchos niños, éstos se solían sentar en mesas separadas, distinguiéndose generalmente por sexo o por afinidad. Cuando eran pocos, nos reuníamos alrededor de una sola mesa. Los niños tenían siempre a su disposición papel y lápiz, y a veces llevaba también revistas y/o diarios. Excepcionalmente, usaban los juegos y/o libros de *la biblioteca* –ya que, por un lado, quería marcar la diferencia de actividad con lo realizado en *la biblioteca* y, por el otro, resultaba difícil controlar el cuidado de los materiales siendo una sola persona adulta–. El "taller" se planteó como una actividad distendida, sin obligatoriedad, muy informal, que promovía la autonomía y respetaba los intereses y sugerencias de los chicos, y cuyas actividades se plasmaban en "notas periodísticas" o diversos materiales para la publicación de un periódico barrial.

Generalmente, los niños tenían más competencia para dibujar, hacer crucigramas o juegos que para escribir, por eso se sentían más cómodos

---

11   Participaron de algunos encuentros niños más pequeños, de 5 y 6 años, y otros más grandes, de 14 y 15 años; pero el grupo que participó con más regularidad se situaba en la franja etaria de 7 a 12 años.

en esas actividades. Algunos niños sólo iban a las reuniones para charlar, pasar un rato con amigos o pares, o para ver quién estaba. Se entusiasmaban y jugaban con el grabador y la cámara de fotos que llevaba con el fin de hacer entrevistas[12] o de registrar sus conversaciones.

En seis meses, produjimos y publicamos dos periódicos. Los niños eran los encargados de repartirlos entre sus familiares, vecinos e instituciones, siendo la distribución una de las actividades que más demandaban y les divertía. Vale destacar que los niños se preocupaban más porque el *Periódico de los Chicos* se publicara y llegara a manos de sus familiares, amigos y vecinos, que por su contenido. Esto señala que el *Periódico de los Chicos* significó para los niños un espacio de visibilidad, para decir, fundamentalmente, "aquí estamos los chicos", más que un espacio de debate de ideas.

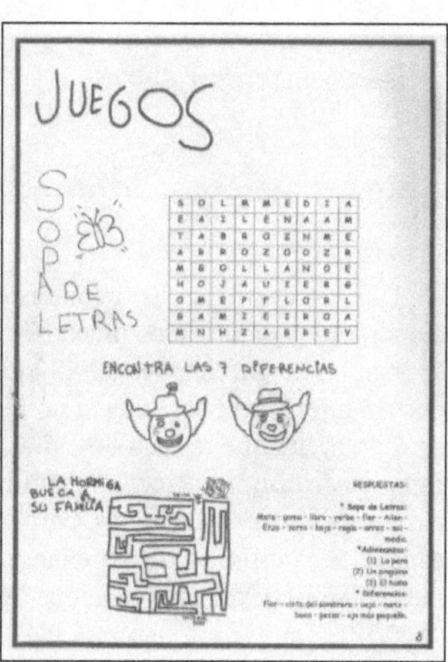

Tapa y contratapa del Periódico N° 3.

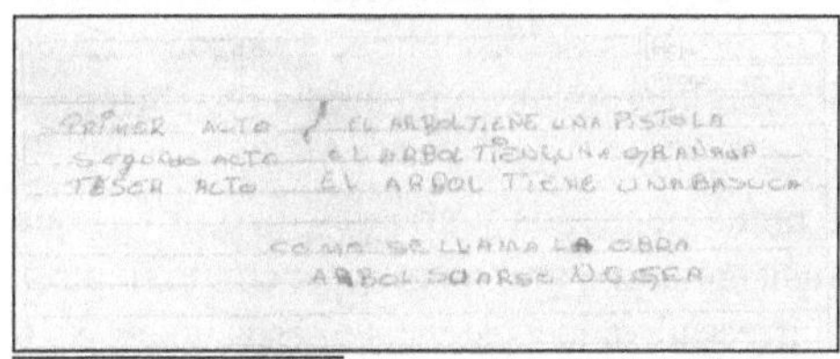

Borrador de sección de "Chistes".

12   Hicimos, por ejemplo, una entrevista al tío de uno de los niños, líder de una banda de rock muy conocida en *el barrio*; fuimos a entrevistar a una vecina "delegada" a su casa; fuimos al apoyo escolar del barrio San Jorge; e hicimos algunas salidas espontáneas con la intención de hacer entrevistas, pero por diferentes motivos, estas entrevistas no se concretaron y derivaron en pequeñas caminatas con los niños. Si bien los niños insistían constantemente en *salir* a hacer entrevistas, las salidas se solían resolver en el momento en función de los niños participantes: si los conocía o no, si sus padres los dejaban caminar solos por el barrio o no, si eran chiquitos o más grandes, si eran muchos o pocos, por el clima, etc.

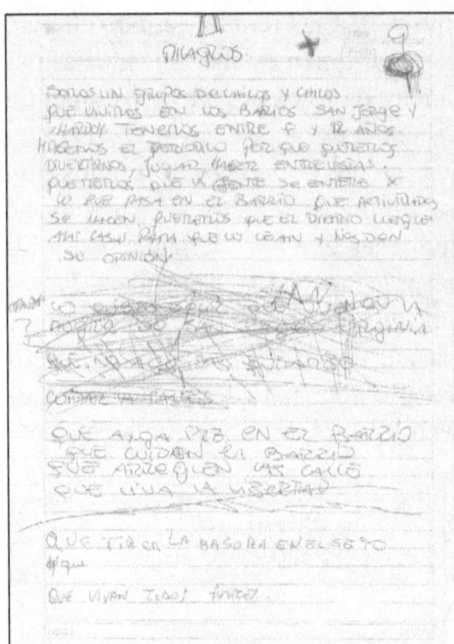

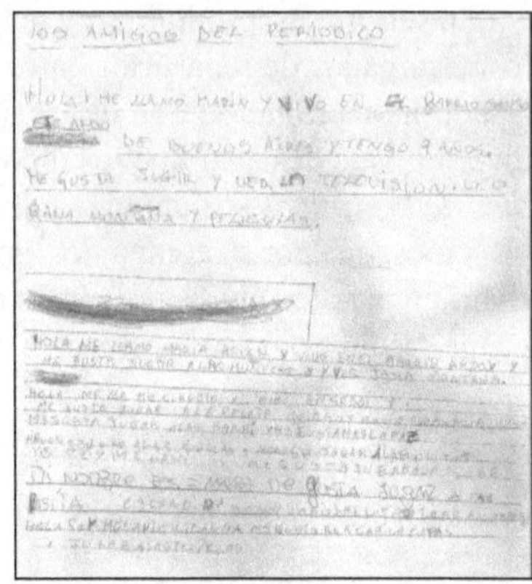

Borradores para el "Editorial" y la sección "Mensajes del barrio", escritos por los chicos.

Borrador de la sección "Los amigos del periódico".

Una característica de todos los encuentros es que se generó un espacio sin obligaciones y de mucha libertad. Cuando los niños se querían ir, se iban; si no querían hacer algo que yo proponía, hacían otra cosa; si se portaban mal, les hablaba y si no llegábamos a un acuerdo, les pedía que se fueran, aunque trataba de evitar llegar a esta instancia. Esta aparente falta de dirección generó, por un lado, un grado de confianza y relajación importante en los niños, pero, por el otro, generó conflictos y peleas espontáneas difíciles de manejar, y varias veces hasta los mismos niños me pidieron mayor intervención: "*Seño, ¿qué hacemos?*", "*Seño, retálo*", "*Seño echálo, me está molestando*", etc. Incluso hubo algunas situaciones de peleas corporales o discusiones fuertes entre niños que pusieron en evidencia la dificultad de manejar a un grupo de niños siendo una sola persona adulta y con estas reglas tan flexibles de disciplina; en la mayoría de las ocasiones los mismos niños eran los que me ayudaban a restablecer el curso de la actividad.

La mezcla de edades entre niños pequeños y grandes hizo difícil que encontrara actividades que entusiasmaran a ambos grupos; con el tiempo, si bien los niños decían seguir interesados, la asistencia al espacio empezó a disminuir –sobre todo de los más grandes– y decidí, con el inicio de las vacaciones de invierno, terminar con las reuniones del *Periódico*. Les propuse a los niños y a las *seños* que, en la segunda mitad del año, los niños continuaran con la actividad en el horario de *la biblioteca*. Pero la actividad se asimiló a la rutina y forma de trabajo escolar, y a fin de año se dejó de hacer, luego del tercer periódico.

Mi propuesta de los encuentros del *Periódico* tenía como característica distintiva plantear una forma de "estar y hacer" distendida, tratando de no pautar demasiado los encuentros, ni establecer criterios de edad, consignas o tiempos, y tratando de evitar cualquier autoridad pedagógica o como adulto mayor. En este sentido, creo que lo que caracterizó al espacio, más allá del clima de trabajo, fue que todos compartíamos el mismo interés por preguntarnos sobre *qué pasaba en el barrio*, dando valor y legitimidad a las ideas, opiniones e interpretaciones que surgían entre todos.

En relación a la metodología de trabajo con niños, he revisado textos especializados en infancia con el fin de estar atenta a la mirada adulto-céntrica, predominante en los estudios urbanos, que considera a los niños con un estatus inferior al de sus mayores, y los ve como seres humanos en potencia que a través de la socialización en la escuela o la familia se convierten en seres humanos completos[13] (Holloway y Valentine, 2000; Den Besten, 2010; James *et ál.*, 1998; Del Río Lugo, 2007; Díaz y Vásquez, 2010), y también consulté varias etnografías con niños o diversos trabajos que incorporan la perspectiva de los chicos en relación a su medioambiente (De Visscher y Bouverne-De Bie, 2008; Gandulfo, 2007; García Silva, 2014; Gregori, 2000; Guerrero, 2009; Bartlett, 1997; Mason y Tipper, 2008; Milstein, 2009, 2010, 2013; Milstein *et ál.*, 2011; Mizen *et ál.*, 2010, 2013; Müller, 2010, 2012; Vogel *et ál.*, 1995; Vogel, 2006). Acceder a investigaciones del campo de la geografía de la infancia (Holloway y Valentine, 2000) me ha orientado a ver las diferencias en las prácticas de los niños y las relaciones de poder y posicionamientos en relación a los "otros" niños, jóvenes y adultos –incluyendo mi propio posicionamiento como investigadora adulta–, y a hacer visibles sus miradas. Estos estudios me han desafiado a observar más allá de los significados naturalizados y estereotipados que adultos, personas de otros contextos culturales u organismos internacionales solemos asignarles a determinadas situaciones o vivencias asociadas a la "pobreza urbana" –especialmente a aquellas de violencia, precariedad ambiental, maltrato, etc.–, homogeneizando prácticas y discursos sociales sin indagar en las formas de resistencia y de agenciamiento desde la perspectiva de los actores involucrados.

Por otro lado, analizar la forma que tienen los niños de estar y de hacer uso de los barrios me implicó no sólo atender a sus dichos, sino también observar sus prácticas, sus modos de estar en *la calle*, en *los campos*, de caminar. Aquí fue importante para mis elaboraciones incorporar el trabajo de Ingold (2010), quien sostiene que caminar es una actividad social y es

---

13   Los "Nuevos Estudios Sociales de la Infancia" ("*New Social Studies of Childhood*"), que surgen en el campo de la geografía en la década de 1990, cuestionan este paradigma y sostienen que la infancia es una construcción social que varía con el tiempo y el lugar, y en articulación con otras diferencias sociales; ponen el énfasis en la construcción social de las diferentes infancias y estudian a los niños como actores sociales, con derechos propios en vez de como pre-adultos (Prout y James, 1990: 8, en Holloway y Valentine, 2000: 5-6).

un aprendizaje constante, de acuerdo a con quién uno camina, y según las condiciones ambientales. Es interesante esta postura, además, si se la contrasta con la forma predominante y creciente que tienen las personas de trasladarse y moverse en las ciudades[14]; y también si se considera que en las "villas" y "asentamientos irregulares" las dimensiones y características de las calles dificultan el acceso de autos y los pobladores se suelen trasladar a pie. Observar cómo los pobladores –chicos y adultos– caminan y se mueven, y caminar con ellos, me aportó sensaciones y asociaciones difíciles de rescatar analizando sólo sus dichos e interpretaciones. Asociado a estos sentidos surge el título de este libro.

El PROMEBA II

Luego del *Periódico de los Chicos*, seguí vinculada a los barrios a través de mi labor como voluntaria en *la biblioteca* y diferentes proyectos de la ONG, como en el "acompañamiento social" de un proyecto de huerta comunitaria con jóvenes e instituciones barriales, un programa de microcréditos gestionado por mujeres, la participación en la Red de Organizaciones barrial, entre otros.

Proyecto de huerta orgánica (8-10-09).

En 2009, se inició el PROMEBA II en el barrio San Jorge y otros dos barrios linderos de la cuenca del río Reconquista y nuevamente me involucré en las actividades del programa de gobierno como parte de mis tareas

---

14   Tonucci sostiene que el ciudadano típico es "adulto, masculino, trabajador y maneja un auto" (2005: 185).

dentro de la ONG IIED-AL. En esta etapa, participé especialmente de las actividades "ambientales" y "sociales" que vinculaban a niños y adolescentes y a instituciones educativas de *el barrio*.

Todas estas experiencias laborales y encuentros etnográficos con niños y adultos en *el barrio* me nutrieron para elaborar esta etnografía.

Entre 2007 y fines de 2012, convivieron mi rol de técnica con mi rol de investigadora, roles que sólo el tiempo y un proceso de reflexividad pudieron deslindar; recién en la etapa de escritura de esta etnografía pude distinguir con mayor claridad mis diferentes posicionamientos y objetivos respecto al "campo" de mi ámbito laboral y a la construcción del objeto de estudio de esta etnografía.

El desafío de abordar el proceso de urbanización desde una mirada diferente implicó repensarme en mis actividades como técnica –cercana al ámbito del trabajo social–, y también me exigió la necesidad de revisar mi modo personal de conocer y experimentar *el barrio* y así la ciudad. En este recorrido por desnaturalizar categorías incorporadas en mi discurso cotidiano laboral, tales como: "reordenamiento", "relocalización", "hacinamiento", "mejoramiento", "barrio", "intervención", "participación", "delegado", "vecino", "pobre", etc., utilicé el recurso de entrecomillar los términos propios de mi actividad laboral –muchos utilizados además desde el sentido común– para distinguirlos de los de otros interlocutores. Este recurso me sirvió para hacer dialogar el discurso de los técnicos –ámbito en el que yo era una "nativa"– con el de los habitantes de los barrios[15]. Mantengo esta forma de enunciar y distinguir los diferentes discursos a lo largo de todo el trabajo.

Reunión de la "mesa de trabajo" en la oficina del "equipo de campo", en el "obrador" del PROMEBA II (1-2-10).

---

15   Vale mencionar que esta idea surgió como resultado de un ámbito de discusión colectivo de éste y otros trabajos de investigación dirigidos por la Dra. Diana Milstein, en el que ante las preguntas de mis colegas quedaba expuesta mi doble posición de técnica y de investigadora, y la necesidad de reflexividad al respecto.

Actividad con niños del apoyo escolar en la oficina del obrador del PROMEBA II (14-10-09).

Los capítulos

Organicé el texto de esta etnografía en cuatro capítulos.

El primer capítulo problematiza las diferentes concepciones y formas de organizar discursivamente el espacio urbano a partir de los conceptos de "barrio", "villa" o "asentamiento". Contrasto los diferentes modos en que se habla de la ciudad desde el lenguaje de los técnicos y políticos vinculados a programas de urbanización y desde el lenguaje de uso cotidiano de los habitantes. De esta manera doy cuenta del contexto, de las características de los barrios Hardoy y San Jorge, marcando, sobre todo, la asociación con las categorías de "villa" y "barrio". Señalo que las experiencias espaciales organizan la percepción y los sentidos sobre *el barrio* y la ciudad de todos los actores que intervenimos en la producción urbana. Pretendo pensar lo urbano como problemática global desde el fenómeno local, y mostrar la trama de relaciones entre el "centro" y la "periferia". Asimismo, muestro cómo los mecanismos de estigmatización son reproducidos no sólo por los agentes de gobierno sino por los mismos habitantes de los barrios, a través de los recorridos y prácticas cotidianas y del uso del lenguaje, sobre todo los vinculados al concepto de "integración". Al final del capítulo incorporo al debate a los niños que ponen de manifiesto las dificultades que tienen los programas de gobierno en su implementación y plantean la necesidad de pensar la ciudad desde una perspectiva más integral.

El segundo capítulo describe el proceso de urbanización haciendo hincapié en las transformaciones físicas a lo largo de la historia de los barrios Hardoy y San Jorge, también en el impacto de las políticas públicas de "reordenamiento urbano" en la vida cotidiana a lo largo del tiempo, y en las acciones de los habitantes, organizaciones barriales, ONG y empresas en la configuración de estos dos barrios. Este capítulo explica cómo se transformaron los barrios en tiempo y espacio no sólo a partir de las políticas públicas, sino también a partir y en interacción con las prácticas políticas de la vida cotidiana, y da cuenta de por qué los sujetos involucrados en este proceso hablan de *el barrio* en tanto una misma comunidad. Demuestro que los procesos de urbanización –"formales" e "informales"– se explican tanto por las acciones de colaboración como por las de conflicto. Asimismo, señalo cómo la lógica dual que separa actores sociales de "adentro" o "afuera" *del barrio*, o que designa a un "Estado" y a sus "beneficiarios" oculta las formas de ordenar el espacio vivido a través de prácticas cotidianas, más allá del disciplinamiento que ejercen las políticas públicas.

En el capítulo tres me centro en el proceso de "relocalización", como parte de las acciones de intervención del PROMEBA. Describo cuál es la lógica de implementación de este programa y cuál es la perspectiva de los técnicos que lo llevan a la práctica, para luego contrastar esta postura con las vivencias de una familia "relocalizada". Aquí muestro cómo las acciones de "reordenamiento" afectaron la vida cotidiana de niños y adultos residentes, reconstruyendo algunas situaciones referidas al espacio doméstico y a la importancia de las redes sociales en la construcción y experiencia diaria de las transformaciones urbanas. Este capítulo da cuenta de las tensiones y de los costos que plantean este tipo de intervenciones para la población, "intervenciones" que impactan en sus circuitos y formas de socialización. En este sentido, no pretendo analizar las consecuencias de la relocalización como la "legalidad de la tierra", la "baja del hacinamiento", o la "provisión de servicios básicos o de infraestructura", sino que mi intención es mirar el proceso más allá de los resultados. Así muestro un ordenamiento espacial y temporal diferente al planteado por el programa de gobierno, centrado en la dinámica del espacio doméstico, en los afectos y emociones que organizan el día a día de los habitantes.

En el cuarto capítulo me enfoco en la "planificación urbana" del "espacio público" para mostrar cómo son concebidos y disputados los espacios cotidianos por las políticas públicas y por los residentes. Señalo cómo el PROMEBA organiza la "traza urbana" y los "espacios verdes" y "recreativos" para confrontar esta lógica de acción política con las vivencias y los significados que los niños y adultos expresan sobre y con relación a los modos de vivir y significar el "espacio público": *el río, los campos*, y las plazas. Aquí pretendo dar cuenta de la perspectiva de los habitantes, particularmente de los niños, señalando los usos, formas de experimentar y sentidos alternativos a los concebidos desde las políticas públicas de "reordenamiento urbano". Los pobladores muestran el valor de los espacios vividos, considerados desde la planificación racional del espacio como abandonados, sucios, "peligrosos" o improductivos, y señalan contradicciones en los espacios "planificados". Este capítulo muestra la agencia de los pobladores para transformar los espacios, para aprenderlos con sus cuerpos y para adaptarse permanentemente a los cambios.

En las conclusiones retomo los principales ejes de este trabajo de investigación, resumiendo los puntos salientes de cada capítulo. En segundo término punteo los aportes de esta etnografía remarcando que la configuración del espacio responde a lógicas de acción en relación, que los procesos de urbanización son procesos contextuados, dinámicos y experimentados por sujetos, que están atravesados por relaciones sociales, políticas y de poder que configuran conflictivamente los territorios, organizando y desorganizando la vida cotidiana. Sostengo que poner la mirada en las prácticas e interpretaciones de los pobladores y demás actores que colaboran en la producción y transformación diaria de los barrios contribuye a la comprensión de la vida en las ciudades, ya que la urbanización es un proceso que se ejerce y se pone de manifiesto a través de prácticas cotidianas en tiempo y espacio y a través del lenguaje de la vida cotidiana. Muestro que al incorporar a los niños y niñas en el debate del espacio urbano, se amplían los sentidos y posibilidades de conocimiento sobre los procesos de urbanización y se puede visibilizar que *el barrio* es un espacio para estar, hacer y aprender en interacción con otros sujetos. Finalmente, planteo algunas reflexiones para pensar el rol de los planificadores y técnicos vinculados con estos procesos, desde mi propia experiencia respecto a la etnografía, invitando a cuestionar el modelo de pensar la ciudad, de transitarla, discutir el discurso, dándole lugar al conjunto de actores que la habitan y reconociendo las diferentes formas de organizar el espacio en relación.

Capítulo I

El barrio y la ciudad

Introducción

Los habitantes de los barrios Hardoy y San Jorge residen en el "Área Metropolitana de Buenos Aires"[1], es decir, en el área de la tercera ciudad más grande de Latinoamérica[2], luego de Sao Paulo y de Ciudad de México[3]. Así se los incluye en el 80,3% de la "población urbana" de Latinoamérica y el Caribe; y en el 23,5% de esta población que vive en "asentamientos informales"[4]. Estos datos cuantitativos expresan la magnitud y actualidad de la problemática del crecimiento poblacional en las ciudades a nivel internacional y contextualizan la problemática a partir de ciertas variables socioeconómicas y habitacionales; y también expresan formas de clasificar espacios y personas. Poco dicen respecto a qué es un "asentamiento", qué significa estar incluidos en las cifras referidas a la "pobreza urbana", o qué es formar parte de un gran "aglomerado urbano".

El Estado asume un rol en la organización y representación del espacio público, regulando la vida social a partir de la imposición del poder político en términos de políticas públicas (Corrigan y Sayer, 1985) y categorías

---

1   Como mencioné antes, con el fin de diferenciar la jerga técnica del lenguaje de uso cotidiano en los barrios –ambos lenguajes entendidos como "nativos" para este análisis–, señalo con sólo comillas los conceptos del ámbito de la arquitectura y urbanismo utilizados por técnicos y políticos, principalmente, pero también por habitantes de los barrios participantes activos en espacios formales; e itálicas para las expresiones cotidianas de los pobladores. A estas últimas les agrego comillas cuando no son expresiones de uso generalizado sino puntuales de una determinada persona.

2   Prefiero utilizar el término de "área metropolitana" o "AMBA" –en vez de "conurbano"– porque éste incluye a la Ciudad de Buenos Aires dando cuenta de la magnitud –tamaño, densidad poblacional, conectividad, etc.– y características de la "mancha urbana" o "aglomerado urbano". Otro término utilizado es el de "región metropolitana".

3   Buenos Aires se ubica en la posición Nº 21 en la lista de ciudades más grandes del mundo. Fuente: *Demographia World Urban Areas*. 9th annual Edition. March 2013 [http://www.demographia.com/db-worldua.pdf].

4   Fuente: United Nations Human Settlements Programme (UN-Habitat), Global Urban Indicators (Database 2012).

discursivas (Douglas, 1986; Frederic, 2005). En este sentido, las políticas de "tierra y vivienda" o las destinadas al "hábitat popular" se basan en un concepto racional de un "espacio concebido" desde la planificación (Lefebvre, 1974); y postulan una teoría del progreso que privilegia la racionalidad más allá de las prácticas cotidianas de sus habitantes. De esta manera, el Estado organiza el territorio, establece fronteras geopolíticas y así incide sobre las relaciones sociales y en el día a día de los ciudadanos. Junto a estas políticas, aunque de manera menos visible, también se promueve "el mejoramiento habitacional", "una mejor calidad de vida", la "integración a la ciudad"[5], una "solución para la pobreza urbana". Al entender necesaria su "inclusión" al "resto de la ciudad" se está considerando que los habitantes de estos "enclaves urbanos" (Wacquant, 2001) están al "margen" de la sociedad y se deben acercar al modelo de ordenamiento urbano del "resto" de la ciudad. Los habitantes interpelan esta forma de pensar el espacio urbano, proponiendo una concepción de espacio vivido, habitado, en donde las relaciones sociales son el centro, pero también reproducen estas formas naturalizadas de ordenar los espacios.

El objetivo de este primer capítulo es confrontar los modos en que se habla de la ciudad desde el lenguaje de los técnicos y políticos vinculados a programas de urbanización y desde el lenguaje de uso cotidiano de los pobladores; dando cuenta del valor de incorporar a los niños y niñas de los barrios en esta discusión, ya que ellos plantean las dificultades que tienen los programas de gobierno en los lugares en los que viven. Describo algunas características de los barrios Hardoy y San Jorge, algunos aspectos de la vida de su comunidad, rasgos que los identifican con las categorías de "barrio" o "villa"-"asentamiento" y los distancian del modelo de ciudad "oficial", mostrando el contexto a nivel local, municipal y regional de estos dos barrios en tanto parte constitutiva de la ciudad.

El capítulo se divide en dos partes. En primer lugar, describo el "Área Metropolitana de Buenos Aires" y aspectos de la planificación urbana a nivel municipal, luego características del barrio San Jorge y Hardoy, principalmente enfocadas en la estética y diseño urbano para comprender por qué estos lugares se asocian con los conceptos de "villa" o "asentamiento" y "barrio" presentes en el imaginario social urbano. En una segunda parte, señalo algunas características de la vida en *el barrio* –tema que será retomado a lo largo de toda la etnografía– con el propósito de acercarnos a la configuración del espacio desde la perspectiva de sus habitantes.

---

5   El artículo 27 de la Ley de Acceso Justo al Hábitat define a la: "Integración socio-urbana de villas y asentamientos precarios: al conjunto de acciones que de forma progresiva, integral y participativa, incluyan, entre otras, la construcción, mejora y ampliación de las viviendas, del equipamiento social y de la infraestructura, el acceso a los servicios, el tratamiento de los espacios libres y públicos, la eliminación de barreras urbanas, cuando existieran, la mejora en la accesibilidad y conectividad, el saneamiento y mitigación ambiental, el redimensionamiento parcelario y la regularización dominial" [http://www.iied-al.org.ar/fotivba/ley.pdf].

Contribuyendo a los estudios que abordan la relación entre espacio y política (Low *et ál.*, 2003; Massey, 1994), Hilda Kuper (1972) señala que el proceso de interacción político puede estar empíricamente expresado en disputas o manipulaciones sobre el espacio, como así también simbólicamente expresado en la "lengua de los sitios". Seguí este planteo para reflexionar sobre cómo desde los programas de reordenamiento urbano se nombra, se asignan "etiquetas" (Douglas, 1986: 147), se organiza el espacio urbano y se da cuenta de su transformación; los "barrios" nuevos en oposición a las "villas" o "asentamientos", siendo considerados estos últimos como "obstáculo[s] para el desarrollo de la ciudad" (PROMEBA, 2004a: 1)[6]. Esta lógica del Estado es consecuente con una lógica política –como lo planteo en este capítulo y en el siguiente– que considera acciones y políticas municipales locales en vinculación con procesos globales (Massey, 1994) según la planificación y configuración de la ciudad a nivel provincial y/o nacional. Atender al "lenguaje de los sitios", tanto de los técnicos como de los habitantes, fue una de las formas que encontré para poder comprender las tensiones entre las políticas públicas y las prácticas cotidianas, y también para discutir conceptos como "integración" a la luz de mecanismos de segregación socio-territorial. Dar cuenta de la articulación de estas diversas perspectivas, prácticas y discursos diferentes que conviven en los procesos de urbanización fue parte esencial de mi camino de extrañamiento etnográfico.

El área metropolitana

El "Área Metropolitana de Buenos Aires" (AMBA) está constituida por la Ciudad Autónoma de Buenos Aires, el "Gran Buenos Aires" o "conurbano bonaerense"[7] y un conjunto de partidos circundantes –un total de 40 municipios–, que se subdividen en "cordones" según la mayor o menor cercanía a la Capital Federal; área que concentra el 33% de la población del país en sólo 4% del territorio nacional.

Buenos Aires, como muchas de las ciudades coloniales europeas, tiene un modelo de trazado que sigue una cuadrícula homogénea de 100 metros por 100 metros, promocionada por la topografía de la Pampa argentina; característica que, junto con el modelo agro-exportador, generó una expan-

---

6   "Las urbanizaciones informales se expresan en la conformación de barrios carenciados, asentamientos, villas, etc., que tienen como característica común, entre otras cosas, la irregularidad jurídica respecto de la ocupación de la tierra. (…) estos espacios en tanto no se encuentran formalizados desde los aspectos legales no se consolidan como parte de la urbanización y resultan un obstáculo para el desarrollo de la ciudad" (PROMEBA, 2004a:1).

7   El Gran Buenos Aires está integrado por los siguientes 24 partidos: Avellaneda, General San Martín, Hurlingham, Ituzaingó, José C. Paz, Lanús, Lomas de Zamora, Malvinas Argentinas, Morón, Quilmes, San Isidro, San Miguel, Tres de Febrero, Vicente López, Almirante Brown, Berazategui, Esteban Echeverría, Ezeiza, Florencio Varela, La Matanza, Merlo, Moreno, San Fernando, y Tigre.

sión ilimitada en dirección oeste, sur y norte de la población (Hardoy, 1987; Janches y Rohm, 2012)[8]. Este trazado urbano es una de las características principales en el lenguaje técnico del mundo urbano que identifica a los "barrios" y los diferencia de las "villas". El término de "villa" es cada vez menos utilizado por técnicos, profesionales y políticos por su sentido estigmatizante y por asociarse en la historia argentina con las políticas de la época de la dictadura. Éste ha sido reemplazado por "asentamientos irregulares" o "asentamientos informales" (que incluye a "villas" y "asentamientos"[9]), "asentamientos precarios", "barrios carenciados" o "barrios populares" o "vulnerables"; sin embargo, aún persiste en el lenguaje de los medios de comunicación y en el lenguaje cotidiano de los habitantes, sobre todo de las clases medias.

Los barrios Hardoy y San Jorge se localizan en el partido de San Fernando, en el segundo "cordón" del conurbano norte, a 30 kilómetros aproximadamente de la Ciudad de Buenos Aires, en el eje que también se conoce como "corredor norte" que tiene como circuito la ruta nacional N° 9 hacia Pilar, Zárate, Campana y llega hasta Rosario como parte de las inversiones a nivel industrial e inmobiliarias de los últimos años.

El partido de San Fernando se extiende desde el río Luján hasta la Autopista Panamericana, limitando con los partidos de Tigre y San Isidro. Tiene una población de 163.240 habitantes de los cuales el 23,6% son niños y niñas menores de 14 años (INDEC, Censo Nacional de Población y Vivienda, 2010). Este municipio, si bien es grande en términos de superficie total, concentra el 98% de su población en tan solo 23 km^2 de superficie continental, mientras el 2% restante habita la zona de islas del Delta del Paraná en una superficie de 950 km^2 (UMEC, 2005-2006)[10].

El gobierno municipal divide el área continental del partido según dos criterios: 1) "socioeconómico y territorial", que distingue entre "barrios" "que dan cuenta de la población más vulnerable" con el 11,5% y el "resto" con el 88,5%; y 2) "geográfico", que divide el partido en tres zonas (UMEC, 2010).

---

8   De esta manera, reproduce lo que Mignolo (2003) llama, citando a Aníbal Quijano, la "colonialidad del poder". "La colonialidad del poder es, sobre todo, el lugar epistémico de enunciación en el que se describe y se legitima el poder. En este caso, el poder colonial" (2003: 39).

9   Las diferencias entre las tipologías de "villas" y "asentamientos", las dificultades para definir situaciones dominiales, de uso y/o de derecho de la tierra, y los conflictos para abordar el tema de la "regularización" de las "urbanizaciones informales" se pueden ampliar a partir de los textos de Cravino *et ál.* (2008) y de Di Virgilio *et ál.* (2012b).

10   Fuentes: Página oficial del Municipio de San Fernando [http://www.sanfernando.gov.ar/] (26-3-2013) y Anuario 2005-2006 de la Unidad Municipal de Estadística y Censos en base al Censo 2001. Al momento de finalización de este escrito, en octubre de 2014, no se disponía de los datos al respecto del Censo 2010.

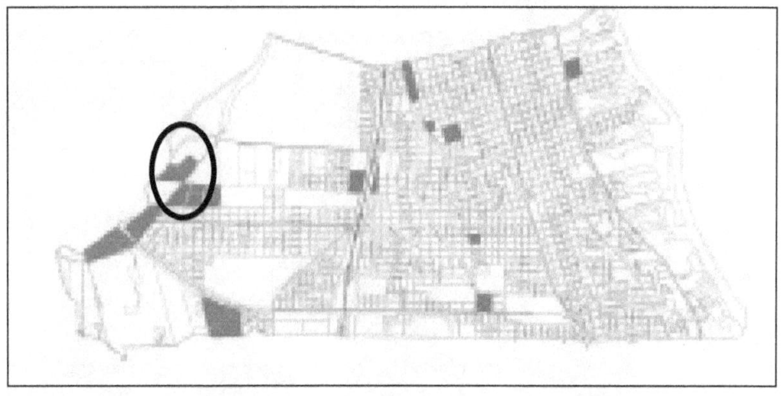

Mapa del partido de San Fernando. Arriba: sombreados "Barrios". Abajo: tres zonas geográficas. Círculo sobre barrios San Jorge y Hardoy (UMEC, 2010).

Según datos oficiales del municipio, de la población que vive en "barrios", el 14,6% es "pobre"[11] y el 4,6% es "indigente"; el 58% tiene un promedio de ingreso per cápita del hogar de \$448 ("quintil 1"); mientras que el 3% tiene un promedio de ingreso per cápita del hogar de \$3.016 ("quintil 5"); el "hacinamiento"[12] es de 31,2%, mientras en el "resto" es de 5,5% (UMEC, 2011); el 29% carece de servicios básicos –al menos de uno–, mientras en el "resto" sólo el 5,8% (UMEC, 2010). Asimismo, como se observa en el siguiente gráfico, la población infantil es mayoritaria en los "barrios".

---

11   "La línea de pobreza se mide a partir del valor de una canasta de bienes y servicios, que incluye la Canasta Básica Alimentaria (CBA) más una estimación de los recursos requeridos para satisfacer las necesidades no alimentarias, tales como vestuario, educación, salud, transporte, esparcimiento, etc. La línea de indigencia se determina sobre la base de la CBA, esto es, (…) quienes no logran siquiera ingresos suficientes para cubrir sus gastos de alimentación" (UMEC, 2011).

12   "Hogares con hacinamiento: hogares con más de 2 personas por cada ambiente" (UMEC, 2010).

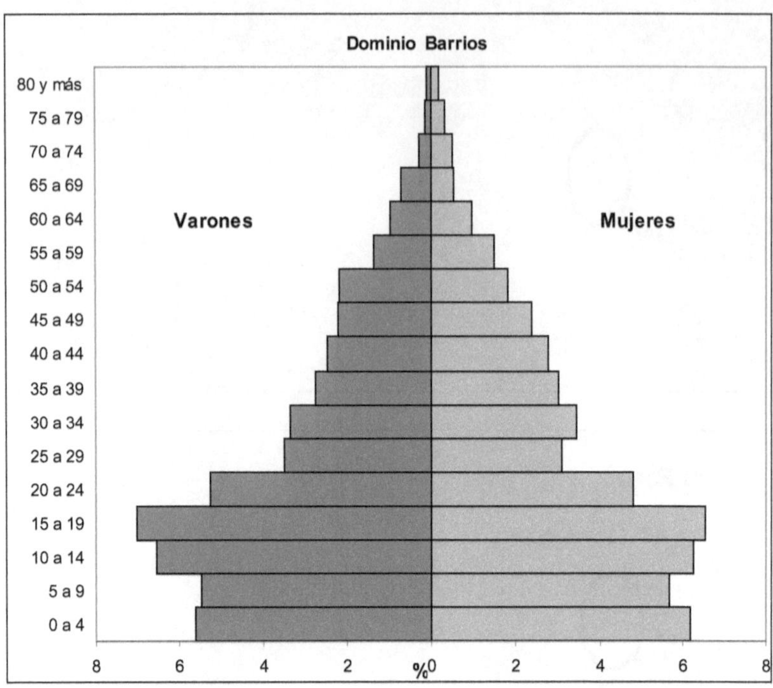

Pirámide poblacional para "Barrios" (UMEC, 2010).

En cuanto a los datos correspondientes a la división geográfica: la "zona 1" es la zona este, próxima a la costa del Río de la Plata y al casco histórico del municipio, con el 0,2% de hogares con "indigencia" y el 1,7% de "hacinamiento", la "zona 2", una región intermedia con el 2,2% de "indigencia" y el 8,7% de "hacinamiento", y la "zona 3", ubicada al oeste, con el 1,3% de "indigencia" y 12,3% de "hacinamiento" (UMEC, 2010; UMEC, 2011).

Los límites geográficos entre zonas están delimitados por las vías del ferrocarril, el Acceso Norte Ramal Tigre y la Autopista Panamericana. La expansión y ocupación territorial histórica del partido, de este a oeste, es coincidente con el mayor a menor nivel socio-económico de sus pobladores y con las políticas locales de "reordenamiento" territorial del partido; aunque a partir de fines de los años ochenta, impulsados por las políticas neoliberales de la dictadura, los "barrios cerrados" se incorporaron a la zona oeste, generando sectores diferenciados por el nivel socioeconómico y distanciados físicamente por muros, y disputando el "uso del suelo" con los sectores de bajos ingresos; así también las cifras respecto a "pobreza" e "ingresos" se equipararon entre las tres zonas.

Los barrios Hardoy y San Jorge se sitúan en la "zona 3", en la localidad de Virreyes, en lo que se conoce localmente como "Virreyes Oeste" o *el fondo* de Virreyes. Están ubicados en la cuenca del Río Reconquista, en una región que antes de sus primeros poblamientos era conocida como "los bañados del Río las Conchas" (Segura, 2012: 203) por encontrarse en el valle de inundación de este río –cuyo cauce recorre dieciocho partidos del AMBA y es el segundo más contaminado de la República Argentina–. Al igual que en la cuenca Matanza-Riachuelo –al sur del Gran Buenos Aires–, los habitantes de más bajos ingresos ocuparon los terrenos menos aptos ambientalmente, más baratos desde el punto de vista del mercado inmobiliario, sin servicios básicos, pero cercanos a centros comerciales y de producción, para convertirlos en zonas urbanas de residencia permanente[13].

En el año 2006, un año antes de comenzar con mi trabajo de campo, estos dos *barrios* eran considerados por la Unidad Municipal de Estadísticas y Censos del partido de San Fernando como parte de los "17 barrios carenciados" del municipio (UMEC, 2006). En junio de ese mismo año, se realizaba el "1° Encuentro de Tierras: Somos toda una ciudad", organizado por el Área de Reordenamiento Urbano del gobierno local[14]. En dicho acto político, estos dos *barrios* eran clasificados como parte de los 22 "Barrios de Emergencia, Asentamientos y Barrios Nuevos" del partido y como "beneficiarios" directos de las políticas públicas de urbanización orientadas a "transformar la ciudad" en pos del "mejoramiento de la calidad de vida". Estas acciones políticas implicaban: "procesos de relocalización de familias", "construcción de viviendas", "construcción de infraestructura urbana y de servicios", "construcción de equipamiento comunitario", así como "conformación de mesas de trabajo barriales", según se describía en el boletín municipal que se distribuyó en el evento, al cual participé como parte de mis actividades en la ONG.

Algunas de estas "estrategias" de orden urbano formarían, en 2008, parte del "Plan de Desarrollo Urbano" municipal, "herramienta básica de definición de las políticas de desarrollo territorial"[15]. Según este "Plan", el "sector oeste presenta los menores niveles de estructuración y consolidación urbana, de dotación de servicios y de oferta de equipamientos (…)

---

13   El desarrollo urbano del área metropolitana de Buenos Aires tiene para Di Virgilio (2009) tres momentos: 1) hasta la crisis de 1930 sustentado por el modelo agro-exportador que le otorga centralidad a la Ciudad de Buenos Aires y al puerto; 2) hasta fines de 1980 en donde se consolidan el primer y segundo cordón, marcando dos etapas diferentes desde 1940 a 1960, siendo el motor la industria sustitutiva de importaciones; y otra desde 1960 hasta fines de 1980 con la crisis del Estado de bienestar y la instauración del Estado neoliberal; 3) luego, expansión hacia el tercer cordón, proceso impulsado por los desarrolladores inmobiliarios, y construcción de nuevas formas de urbanización (barrios cerrados y clubes de campo) para los sectores de más altos ingresos, ello incentivado por el rediseño de la red de autopistas metropolitanas.

14   San Fernando ha sido tradicionalmente "peronista". La gestión de Gerardo Osvaldo Amieiro estuvo en el gobierno durante 16 años (1995-2011). Luego, asumió una nueva administración liderada por Luis Andreotti y respaldada por la gestión del intendente del municipio vecino de Tigre, Sergio Massa (2007-2013) y Julio Zamora (a partir de diciembre de 2013).

15   Proyecto de Ordenanza. Expediente 3235/08. Municipalidad de San Fernando. Departamento Ejecutivo. Noviembre 2009. Dicha ordenanza remite a la Ley de Ordenamiento Territorial y Uso del Suelo 8912/77.

los mayores niveles de pobreza, informalidad y suelos vacantes del Área Urbana", ubicando al *barrio* San Jorge como "zona especial de reordenamiento urbano"[16] y al *barrio* Hardoy como "urbanizaciones de interés social" (2009, Título II, pp. 8 y 73).

Estos dos *barrios* de la "zona oeste" de Virreyes se configuran como parte de los "barrios carenciados" distinguidos del "resto" del partido (UMEC, 2010) y como parte de las "villas y asentamientos irregulares" que el gobierno nacional quiere "mejorar" a partir de la implementación de programas como el PROMEBA[17]. Estos términos no sólo describen variables urbano-habitacionales (falta de infraestructura pública, servicios, accesos, viviendas construidas con materiales de baja calidad constructiva), ambientales (zonas cercanas a polos industriales, ríos contaminados, lugares con basura acumulada) y socio-económicas (población con bajos ingresos, escaso nivel educativo, alta tasa de desempleo o de empleo "informal", problemas de salud) centrándose en las "faltas" o "carencias" en relación al modelo urbano oficial, sino que también marcan fronteras socio-estructurales y simbólicas con el resto de los barrios "no pobres". Esta dicotomía entre "pobres" y "no pobres" está cargada de significados y estereotipos naturalizados, que responden a un contexto histórico, y estigmas que clasifican a los grupos de personas, los asocian al lugar físico en el que viven, criminalizan la pobreza[18] y explica que algunas personas sostengan y naturalicen que *es peligroso* como parte de su rutina de circulación dentro de la ciudad. Además, a través de los medios se reproduce el estigma que rodea a los "barrios carenciados", por ejemplo, en la siguiente noticia que da cuenta de la construcción de puestos policiales en las zonas consideradas "difíciles":

"Como parte de las políticas de seguridad que tiene el Intendente Luis Andreotti para San Fernando se construirán durante este año 4 nuevas

---

16　"Las Zonas de Regulación General son **sectores del territorio municipal con características homogéneas** en cuanto a sus aspectos socio-económicos, paisajísticos y ambientales, en cuanto a los usos y ocupación del suelo, en cuanto al patrimonio urbano-arquitectónico y, en particular, en cuanto al rol que cumplen en la estructuración general y en la dinámica funcional del Área Urbana de San Fernando. Las Zonas Especiales son **sectores del territorio municipal que exigen un régimen urbanístico específico en virtud de sus particularidades** de uso y ocupación del suelo, de sus características locacionales, de sus valores ambientales y en cuanto al rol que cumplen en la estructuración general y en la dinámica funcional del Área Urbana de San Fernando", según el Plan de Desarrollo Urbano (2009, Título II, p. 2). El resaltado no corresponde al original.

17　El PROMEBA "tiene como finalidad mejorar la calidad de vida y contribuir a la inclusión urbana y social de los hogares de los segmentos más pobres de la población residentes en villas y asentamientos irregulares. A través de la formulación y ejecución de proyectos barriales integrales se propone mejorar de manera sustentable el hábitat de esta población" [http://www.promeba.org.ar].

18　Para problematizar este tema destaco los trabajos de Guber (1984), Casabona y Guber (en Bartolomé, 1985), Wacquant (2001), Pires do Rio Caldeira (2007), y Bourgois (2010) que me ayudaron a pensar el espacio barrial en relación con las formas de estigmatización y división social, como parte de procesos y fuerzas macro-estructurales.

postas policiales, todas financiadas con fondos municipales. La pri-
mera, ubicada en Martín Rodríguez y Sobremonte, en el barrio Crisol
(...). La segunda, en Ruta 202 y Arroyo Cordero (...) se construirán
dos postas policiales más, uno en la calle Alvear y el Tren de la Costa,
y el otro frente al barrio San Jorge en la Ruta 202. (...) 'Esta es una
zona difícil pero el Municipio tiene que estar presente. La gente nos
está pidiendo mayor seguridad y la presencia municipal junto a los
patrulleros va a ayudar mucho al control y a la prevención de la inse-
guridad', expresó Andreotti".

(Nota de Prensa, 11-06-13[19])

La "lógica dual" (Casabona y Guber, 1985[20]) marca las "diferencias" entre grupos sociales, clasifica "ricos-pobres", "legales-ilegales", "villeros-no villeros", "villa-barrio", "centro-periferia", "barrios-resto", "violentos-no violentos" y considera a estos grupos como desarticulados entre sí y autónomos, desconociendo las relaciones económicas, laborales, de producción, y políticas que comparten "ambos sectores" o las diferentes clases sociales que habitan en la ciudad, y ocultando así los mecanismos que reproducen las desigualdades sociales[21].

Desde el punto de vista del modelo racional de ciudad "oficial", estos "enclaves de pobreza urbana" (Wacquant, 2001) se constituyen como lugares a los que hay que "mejorar", "urbanizar" o "regularizar dominialmente" –no sólo a nivel local, nacional, sino global–, centrando el eje en la carencia y en el aspecto legal de la propiedad de la tierra. La frontera entre la ilegalidad y la legalidad de la ciudad (Hardoy, 1987) constituye uno de los

---

19   "San Fernando: comenzaron obras en la Posta Policial de Arroyo Cordero y 202", en *Diario Popular Norteño* (11-6-2013) [http://www.diariopopular.com.ar/notas/129353-san-fernando-comenzaron-obras-la-posta-policial-arroyo-cordero-y-202].

20   Casabona y Guber (en Bartolomé, 1985) cuestionan, con motivo del proceso de "erradicación de las villas miserias" de los gobiernos de facto en Argentina, el concepto de "marginales" asignado a los habitantes de las villas en vinculación a su falta de participación en las estructuras socioeconómicas, políticas y culturales de la sociedad moderna urbana e industrial. Afirman que esto conlleva el peligro de considerar a la sociedad desde una lógica dual, conformada por grupos desarticulados entre sí y autónomos. En este sentido, trabajan dos dimensiones: la jurídica y la ideológica, como dos formas a través de las cuales se viabiliza la articulación entre "los villeros" y la sociedad mayor. También elaboran una discusión sobre el campo de lo lícito y de lo ilícito; así, "los villeros" están asociados al campo de la ilegalidad ya que transgreden las normas urbanísticas oficiales, tanto desde la precariedad de las viviendas como desde el uso del espacio urbano, además de utilizar clandestinamente los servicios básicos y no pagar impuestos. El orden de lo ilegal constituye un espacio de articulación y de construcción del "otro". Otros sectores sociales le atribuyen una identidad al "villero" que lo sitúa en el ámbito de la inmoralidad, ilegalidad, etc., pero también el habitante de la villa emplea, rechaza o asume la identidad estigmatizada que le es atribuida, reproduciendo los mecanismos de discriminación asociados al territorio (Guber, 1984).

21   García Canclini (2004) me ayudó a pensar cómo estas dicotomías se entrecruzan llamando la atención sobre la importancia de articular las siguientes tres diferentes claves de lectura o formas de "organización-segregación social" para interpretar la sociedad latinoamericana: reconocer "la diferencia", modificar "la desigualdad", y repensar "la desconexión".

parámetros más fuertes, arraigados en el sentido común de la clase media, que estigmatiza a los "pobres urbanos", organiza "el paisaje urbano y el espacio público" (Pires do Rio Caldeira, 2007[22]), y es uno de los mecanismos que colaboran en la segregación social de la población que habita estos territorios. De esta manera, estos territorios se construyen desde el poder del conocimiento y del discurso como diferentes "al resto" de la ciudad; estableciendo categorías y modelos respecto a cómo debe ser la ciudad y cómo no lo es, imponiendo los "valores del progreso, de bienestar, de bien-ser" (Mignolo, 2003: 20), desconociendo la lógica y el modelo urbano local de estos "asentamientos informales", partiendo de la idea de que se encuentran "al margen" de la sociedad y deben ser "integrados". Así, nadie parece cuestionar que una "villa de emergencia" o un "asentamiento informal" debe transformarse en "barrio" para "mejorar" la ciudad. Esta perspectiva, que como técnica había naturalizado, se corresponde con un modelo de ciudad de "progreso" propuesto desde las políticas públicas como el modelo de "mejoramiento urbano".

La "villa" San Jorge

Sobre la ruta nacional N° 202, una de las principales vías de circulación del partido de San Fernando, se ubican a cada uno de los lados, los barrios San Jorge y Hardoy, prácticamente uno frente al otro. Si uno se sitúa en el medio de *la 202* y mira hacia *el San Jorge*, observa una hilera de casas distribuidas en cinco cuadras de extensiones diferentes. Las viviendas están construidas muy cerca de *la ruta*, sólo las separa una vereda angosta y una zanja a cielo abierto. Son una mezcla de *ranchos de madera* con casas de material, casi todas muestran ambientes que fueron anexando a lo largo del tiempo, algunos techos de chapa están sostenidos con piedras, sobresalen los tanques de agua en altura sobre la hilera de casas bajas, los cercos varían entre los hechos con tablones, los de alambre y las paredes de material. En más de una vivienda, se apilan caños viejos, maderas sueltas, chapones y otros cacharros que sirven como materiales de acopio para futuras ampliaciones o para la venta. Algunas casas del barrio San Jorge están más bajas que el nivel de la calle o que los terrenos de las industrias circundantes, lo que hace que cuando llueve muchas calles queden anegadas.

---

22   Este texto –en línea con Kuper (1972) y Douglas (1986)– me hizo reflexionar sobre lo que esta autora define como el "habla del crimen", como aquellos discursos que moldean percepciones, opiniones, interpretaciones y organizan el paisaje urbano y el espacio público, direccionando las prácticas y formas de interacción en las ciudades y reproduciendo mecanismos de violencia. Además, Pires do Rio Caldeira ofrece una mirada crítica sobre la forma que tiene el Estado de presentar los datos y estadísticas al respecto de estos temas. Este último punto es especialmente interesante ya que expone una dimensión de las acciones políticas que atiende más al resultado final, que a los procesos.

"Pasillo" en el barrio San Jorge (7-1-10).

El barrio está emplazado entre una fábrica que elabora bloques de hormigón y un frigorífico: dos industrias que contribuyen al tránsito pesado y constante de camiones, a la contaminación del aire, el ambiente, la visual y al deterioro del pavimento. Estas son dos de las industrias que han colaborado, entre muchas otras, a la polución del río Reconquista.

La ruta nacional N° 202 es la vía obligada para acceder al barrio San Jorge, ya que la contracara o el *fondo* del barrio lo constituye *el río* –o antiguo cauce del río Reconquista–. Esta cara del barrio San Jorge que da a la ruta es la que conocen y ven la mayoría de los habitantes del resto del partido de San Fernando y por la que muchas personas denominan al barrio San Jorge: *villa San Jorge*[23].

Según el Censo de Población de 2001 (INDEC)[24], San Jorge tiene un total de 1.804 habitantes distribuidos en 377 hogares, con un promedio de

---

23 Con los textos de Gravano (2003, 1991) empecé a pensar y problematizar la distinción e identificación entre "barrio" y "villa" para ver en estas categorías construcciones sociales y simbólicas, asociadas a valores, creencias, imaginarios sociales. Su reconstrucción histórica –y la que también realiza Low (1996)– de los diferentes modelos teóricos de lo urbano me ayudó a pensar de dónde provienen ciertos significados y lógicas respecto del sentido de lo barrial asociado a diferentes espacios urbanos.

24 Como se mencionó en la introducción, en octubre de 2014 el municipio no contaba con datos públicos actualizados respecto de estos barrios. En la página del PROMEBA, figura que los "beneficiarios" de los barrios San Jorge, San Martín y Presidente Perón –barrios contiguos de la cuenca del río Reconquista– son 5.555. Fuente: [http://www.promeba.gob.ar/proyectos.php] (consulta 8-10-14).

4,8 personas por hogar[25] –cifra que describe la situación como "hacinamiento crítico" (más de tres personas por ambiente según las definiciones oficiales de la UMEC, 2010)–. La mitad de la población de este barrio (51%) tiene "Necesidades Básicas Insatisfechas" y el 42% es menor de 14 años. Los datos cuantitativos referidos a este barrio se corresponden con los "niveles de pobreza" urbana característicos de los "barrios de emergencia" o "asentamientos". Estos números dan cuenta, sobre todo, de las desigualdades entre esta comunidad y el resto de la población del partido, como se mencionó al describir las diferencias entre lo que el gobierno local llama "barrios" y "resto".

El "barrio" Hardoy

Del otro lado de *la ruta*, en frente del barrio San Jorge, se ubica la escuela pública N° 28 y al lado, *el Hardoy*, un "barrio nuevo" con una mezcla de viviendas de reciente construcción producto del "Programa de Mejoramiento de Barrios" con otras que denotan el paso del tiempo y la autoconstrucción. En este "barrio nuevo", los lotes tienen dimensiones similares, las calles están asfaltadas, hay veredas y cordón cuneta, es decir, responde a una cuadrícula homogénea propia del modelo de ciudad "oficial". Todas las casas son de material, las más de 100 "viviendas sociales" tienen una arquitectura y una fachada similar, y están separadas por paredes, cercos o rejas divisorias. El "ordenamiento territorial" de este "barrio nuevo" es visible y contrasta con la fisonomía del barrio San Jorge.

A diferencia del barrio San Jorge, el barrio Jorge Hardoy[26] se formó a partir de "relocalizaciones" planificadas, de forma no "compulsiva" (Barabas y Bartolomé, 1992), sino gradual y consensuada a partir de la organización de los vecinos, promovida por una organización barrial, una ONG

---

25 Según el último Censo Nacional de Población 2010 (INDEC), en el partido de San Fernando hay un promedio de personas por hogar de 3,3; y el promedio de personas por vivienda es de 3,6.

26 El barrio Hardoy lleva el nombre del arquitecto y urbanista Jorge Enrique Hardoy que participó en las décadas de 1980-1990 en el proceso de urbanización formal de estos barrios de San Fernando a través de la ONG IIED-AL, que presidió hasta su fallecimiento en el año 1993. Novick (2004) en una revisión sobre la bibliografía local del campo de la historia del urbanismo destaca el aporte de Jorge E. Hardoy "(…) quien, tras estudios iniciales sobre ciudades precolombinas, lanza una línea de investigaciones fuertemente crítica de las soluciones 'tecnocráticas' (Hardoy, 1987) estableciendo puntos de contacto con una historia social 'desde abajo', crítica de la sociología urbana y del estructural-funcionalismo. (…) La posición de Hardoy es compartida por trabajos de vertiente marxista –inspirados en Manuel Castells– para los que la historia es un develador de las relaciones sociales subyacentes en los cambios estructurales sobre el territorio. Prevalecen en esta línea dos interpretaciones. En primer lugar, aquella que sostiene que el espacio urbano es tributario de procesos propios del sistema capitalista, idea que inaugura un largo período de geografía y planeamiento sin 'planos' que Horacio Torres (1996) denominó 'antiespacialismo'. En segundo lugar, aquella que argumenta que en el desarrollo urbano la urbanización se impone por sobre el urbanismo" (2004: 10).

y el gobierno local en el marco de un proceso "formal" que se inició en la
década de 1990.

Calle en barrio Hardoy (23-8-13).

El barrio Hardoy –junto con otros tres barrios linderos que comparten
el radio censal[27]–, tiene un total de 1.250 habitantes, en 325 hogares, con
un promedio de 3,8 personas por hogar[28], 18% con NBI, y 26% de menores de 14 años (INDEC, Censo, 2001[29]). Al igual que en San Jorge, estas
cifras también dan cuenta de los "niveles de pobreza" urbana y "hacinamiento", de la desigualdad y exclusión socioeconómica pero, en este caso,
en un espacio urbano "consolidado" según los criterios de planificación
"oficial", y así reconocido y definido como "barrio" –no como "villa" o
"asentamiento"–.

La vida en *el barrio*

Pensar una ciudad relacional y situacional (Agier, 2011, 2012), enten-
diéndola como un sitio eminentemente de interacción social e intercambio,

---

27 Radio censal compuesto por los barrios: Hardoy, La Paz, Héroes de Malvinas, y "52 viviendas".

28 Según una encuesta realizada por el equipo local del PROMEBA, en el año 2007, el 46% de las
    familias de los barrios Hardoy y La Paz estaban constituidas por 4 ó menos habitantes, el 44%
    entre 5 y 8 habitantes, y el 10% tenía más de 9 habitantes.

29 Como ya mencioné no se disponen de datos cuantitativos públicos y actualizados para estos
    barrios. Se estima que las cifras de población aumentaron considerablemente. Como parámetro,
    el PROMEBA I ejecutado en los barrios Hardoy y La Paz –ya finalizado–, se destinó a 1.600
    "beneficiarios". Fuente: [http://www.promeba.gob.ar/proyectos.php] (consulta 8-10-14); es decir,
    la población aumentó un 28% y sólo considerando dos barrios de los cuatro evaluados en el Censo
    de 2001.

implica preguntarse qué se hace en la ciudad, en vez de preguntarse qué es la ciudad. Comprender la ciudad como un proceso más que como una categoría, a partir de las relaciones sociales, los símbolos y las manifestaciones sociopolíticas de las vivencias urbanas y prácticas cotidianas (Low, 1996), cuestiona el concepto de barrio, utilizado desde el sentido común y desde los medios de comunicación como un espacio geográfico definido.

A través de las voces de los pobladores, pude advertir las diferencias en las referencias espaciales –"barrio San Jorge" o "barrio Hardoy" o *el barrio*–, comunes a diferentes interlocutores y basadas, principalmente, en una forma de nombrar el espacio geográfico y el espacio social. Con ellos pude entender cómo la referencia a *el barrio* era una expresión utilizada tanto por los residentes –niños y adultos– como por los técnicos y diversos actores sociales con participación en el espacio barrial. Advertir en *el barrio* una categoría analítica fue esencial para producir formas de distanciamiento de modos nativos de percibir la realidad a fin de desplegar el análisis.

Los niños y los adultos con los que he mantenido encuentros etnográficos no hablan de "villa" ni de "asentamiento" para referirse a San Jorge. Al igual que Hardoy, San Jorge es para ellos, *el barrio*, dando cuenta así no sólo de la cercanía geográfica sino también de características y problemáticas similares. La mayoría de los hombres que viven en *el barrio* –Hardoy y San Jorge– son albañiles o trabajan en la construcción; la mayoría de las mujeres son empleadas domésticas en casas particulares de barrios cerrados o barrios de mayor poder adquisitivo o en las industrias de la zona, perciben algún plan social del Estado, o trabajan en *las cooperativas*. Otros están desempleados o trabajan "en negro". Los jóvenes, incluso menores de edad, se las "rebuscan" (Bourgois, 2010) haciendo *changas* en los supermercados, algunas tareas de limpieza o de carga en las industrias vecinas, o trabajando *por el día* con algún conocido o familiar que tenga un oficio. La localización de estos barrios en la "Región Metropolitana de Buenos Aires" facilita el acceso al mercado laboral, y da cuenta de la relación de reciprocidad entre clases sociales y el sector productivo.

Algunos pobladores, sobre todo los que se consideran "referentes" o fueron elegidos como "delegados"[30] barriales, *hacen cosas por los chicos* como *dar la leche* o *festejar el día del niño* en la calle, *ir a reuniones* o *caminar el barrio*.

La centralidad de la vida social es una de las características de la experiencia cotidiana de *el barrio*. La expansión territorial se vincula con el cre-

---

30 Los "delegados/as" son vecinos/as adultos de los barrios que han sido elegidos por sus mismos vecinos adultos, o que se han propuesto a sí mismos para formar parte, de manera regular, en las instancias "formales" de participación, es decir, en las reuniones de las "mesas de trabajo", reuniones con técnicos del "equipo de campo" y municipales. Son para los técnicos y agentes municipales los principales referentes e interlocutores, en representación de las voces de "la comunidad".

cimiento a nivel familiar, por lo que las redes de parentesco son un eslabón importante en la dinámica cotidiana.

El desarmadero de autos a la ribera del río, *los tiroteos*, la ambulancia, el remis o el camión recolector de basura que no quieren *entrar al barrio* porque *los pibes de la esquina* los roban o *están drogados* también son parte de la vida diaria de *el barrio*; así como la ausencia de la policía ante una urgencia. Los pobladores conviven con situaciones de violencia con frecuencia. La primera vez que comenté con dos niños, Dylan y Karin, dos primos de 11 y 10 años que viven en el barrio San Jorge, la idea de reunirnos para hacer un periódico barrial con el fin de contar las "noticias del barrio", los niños iniciaron una conversación alrededor de: "*tiroteos*", "*los que se juntan en la esquina*", "*los chicos* [que] *le*[s] *sacan las pistolas a sus papás de la murga*", el altar "*por el chico acuchillado el día de la madre*" (19-1-07).

El incremento de las urbanizaciones cerradas, más la construcción de planes de viviendas sociales en los últimos años, no fue acompañado por un proporcional desarrollo de la infraestructura hidráulica –de provisión de agua y desagües–, y en verano la falta de agua corriente es un problema habitual en *el barrio*. Los pobladores deben levantarse a la madrugada para bañarse o para lavar la ropa y así y todo *sale un hilito* de agua, otros se ven forzados a colocar bombas de presión –que no están permitidas y que les quitan agua a sus vecinos–.

Asimismo, cuando cae una lluvia intensa las calles se inundan, la basura que no es recolectada tapa los sumideros, las principales vías de acceso a estos dos barrios –la ruta N° 202 y la avenida Avellaneda– se inundan y hasta, ocasionalmente, han imposibilitado el paso, dejando a ambos barrios literalmente sin acceso al resto de la ciudad.

Cuando hay viento, vuela mucho polvo, ya sea de las *canchitas*, de los *campitos*, de las plazas o de algunas calles. Por más que haya calles asfaltadas en ambos barrios, como expresan los niños, "*están todas rotas*" y "*hay pozos*" (1-6-07) por todos lados. La tierra es de muy mala calidad ya que es de relleno, donde al cavar los pobladores han encontrado, por ejemplo, "*un lavarropas*", escombros, o "*una heladera*" (relatos extraídos de la película "El agua era un sueño", IIED-AL, 2009).

Algunos niños y adolescentes comparten actividades de un lado y del otro de *la ruta*, para ir *al jardín, al apoyo*, a *la escuela*, o *la biblioteca*. En lo que respecta a las actividades al aire libre, los niños juegan en las plazas, los jóvenes improvisan canchas de fútbol en *campitos*, ensayan juegos en lugares que parecen abandonados, diseñan grafitis en las paredes y paredones que encuentran "disponibles". Los *pibes se juntan* en las *esquinas* a charlar, a pasar el rato, los niños juegan *a la pelota*, o a la soga en la calle, colaboran con las tareas domésticas, *van a comprar, al almacén* o al *kiosco* solos, o a *la escuela*, andan en bicicleta.

Pobladores cruzan *la ruta* a la salida de *la escuela* (11-8-10).

Es muy común ver a niños y adultos en la calle o sentados en el cordón de la vereda, en la puerta de sus casas o en alguna esquina. Muchos niños y niñas se mueven por *el barrio* solos desde que tienen cuatro o cinco años o se trasladan acompañados de otros niños un poco mayores, de vecinos, amigos, o familiares[31].

Niños y niñas juegan en una calle del barrio San Jorge (7-1-10).

---

31 Según un estudio del Observatorio de la Deuda Social Argentina de la UCA (2010), "el 18,5% de los niños entre 5 y 12 años del decil socioeconómico más desfavorecido juega 'fuera de la casa (vereda, baldío)' contra el 6,3% del decil más favorecido. El 61% de ellos juega con amigos del barrio y el 17% con amigos de la escuela, mientras que en el decil más alto, la relación se invierte: el 22,5% juega con amigos del barrio y el 64,4% con amigos de la escuela" (en García Silva, 2014: 66).

En verano los niños de *el barrio* también *van a la colonia* de vacaciones; los micros del municipio los buscan en *el barrio* y los llevan al *balneario* municipal que se ubica cerca del casco histórico, en la costa del distrito. Otra actividad que ocupa las tardes y se extiende hasta la noche es *la murga*; niños, jóvenes y adultos practican en la calle durante largas horas. La organización del tiempo de muchos niños –y de sus padres– responde a las actividades de las instituciones barriales –*la escuela, la capilla, el materno, el apoyo, la biblioteca, la iglesia, la ludoteca*–, según lo que les pueda brindar cada una de ellas, ya sea comida, que no estén *en la calle, apoyo escolar*, un lugar que los cuide mientras sus padres están trabajando o un lugar para *estar con amigos*; o también responde, en algunos casos, a si han podido acceder a *un cupo*. Los habitantes de *el barrio* también están acostumbrados a atenderse en *la salita*, ubicada sobre *la ruta* en el barrio San Jorge, y cuando se trata de algún tratamiento más complejo o una urgencia más severa, en el hospital, localizado en la zona céntrica del partido.

En línea con lo que proponen De Visscher y Bouverne-De Bie (2008), comprendo la presencia de los sujetos en *el barrio* y sus movimientos no sólo a partir de la construcción física de cada barrio o características propias del medioambiente, sino también a partir del aprendizaje y las disposiciones adquiridas consciente, inconsciente e históricamente. Estos autores proponen poner el foco en las maneras en que la gente se mueve a través del barrio, cómo lo usan, cómo se expresan y desarrollan oportunidades sociales y culturales en el ambiente, además de enfocarse en los modos en que el barrio crea los límites o excluye a los individuos o grupos sociales y culturales. Siguiendo el concepto de *habitus* de Bourdieu y Wacquant (1992), describen cómo los pobladores crean sentidos compartidos sobre características y cambios en sus barrios, y sostienen que las personas nos movemos y pensamos la ciudad como nos han enseñado a hacerlo (De Visscher y Bouverne-De Bie, 2008: 473). Esta postura es central en este trabajo etnográfico, ya que implica que la posición de los habitantes en los espacios está influenciada por estructuras sociales, económicas, históricas e inequidades con las cuales crecemos, y que hemos aprendido.

La ciudad legal

El barrio San Jorge y el barrio Hardoy comparten una historia de "*lucha por la tierra*" (película IIED-AL, 2009) e "intervenciones políticas" que enlaza a sus habitantes y los sitúa en un proceso de urbanización que data de seis décadas –como describo en el capítulo siguiente–. El barrio Hardoy fue creado a partir del "reordenamiento urbano" de un sector del barrio San Jorge y de la "relocalización" de parte de la población del *barrio viejo*, en una primera etapa, y de otros pobladores de diferentes sectores del barrio, en etapas subsiguientes. Esta historia que une a sus habitantes explica que, en más de una ocasión, diferentes actores sociales –sobre todo los pobladores más grandes y los técnicos– hablen de *el barrio* pensando indistintamente en uno u otro barrio.

La *"lucha por la tierra"* implicó ceder, conceder, negociar políticamente entre muchos actores sociales: organizaciones barriales (*la cooperativa*), ONG (*el Instituto*), el gobierno municipal, el gobierno provincial, la empresa de provisión de agua, las empresas vecinas (*COCARSA* y *Fenoblock*), los "financiadores", "los delegados" y "los vecinos". Para muchos de estos actores sociales, esta *"lucha"* no fue sólo la gestión de los servicios básicos como el agua –principalmente–, la electricidad, el gas, sino también la obtención de *las escrituras* de sus propiedades, es decir, el reconocimiento legal de la posesión de la tierra a sus habitantes por parte del Estado y la garantía de no ser desalojados. Esta "regularización de la tenencia de la tierra" hace que el Estado hable de "barrios" y ya no más de "villas" en los casos de aquellos asentamientos en los que el gobierno ha reconocido oficialmente y legitimado desde el ámbito jurídico la presencia de sus habitantes. Así como el resto de los habitantes del partido, los habitantes del barrio Hardoy pagan los impuestos municipales, y pueden vender sus viviendas según las reglas del mercado inmobiliario formal. Este reconocimiento e incorporación a la "ciudad legal" (Hardoy, 1987) es lo que más valoran los adultos del barrio Hardoy[32] y a lo que aspiran muchos otros adultos una vez que finalice el PROMEBA en el barrio San Jorge[33].

Niños urbanos

Los niños con los que he interactuado no hablan de "legalidad" ni de "escrituras", tampoco de "villa" o "asentamiento" como opuesto a "barrio", pero sí de las necesidades, conflictos, responsabilidades, *deseos* para *el barrio*, relaciones humanas, *violencia*, *discriminación*, de su medioambiente, de los *amigos*, poniendo de manifiesto su perspectiva integral del espacio urbano y la centralidad de lo social en la configuración del mismo. Los niños, al igual que muchos de los adultos que no participan de los espacios formales vinculados al proceso de urbanización "formal", no usan ni tienen incorporada la jerga técnica; pero hablan desde su experiencia de vivir en este espacio urbano: desde lo que les sucede.

Los niños son peatones por excelencia; en este sentido, su barrio –con pasillos angostos, pozos que dificultan el paso de los autos– es un entorno

---

32   En otoño de 2007, parte del "equipo de campo" del PROMEBA y un grupo de "delegados" realizaron una encuesta de opinión a "beneficiarios" adultos del barrio Hardoy. En esta encuesta, los "vecinos" señalaron como el "principal impacto" del Programa: 62% tener escritura del lote; 22% accesibilidad y facilidad para transitar el barrio; 21% seguridad; 11% limpieza; 3% otro (prosperidad y cambio del barrio). Los resultados de esta encuesta se expusieron en el "Taller de Cierre" del PROMEBA I.

33   Según la página oficial del PROMEBA, el programa se encuentra aún en "ejecución" en el barrio San Jorge (consulta 2-10-14); según una delegada está *"parado"* (14-8-14).

más favorable que el del "resto" de la ciudad que está pensada principalmente para circular en auto y no a pie, como la mayor parte de las ciudades contemporáneas (Tonucci, 2005). Sus circuitos responden a relaciones sociales e institucionales, generalmente en el ámbito del barrio en el que habitan, o en el ámbito de los barrios aledaños. "Más allá" del barrio se suelen trasladar en transporte público y difícilmente salen fuera de la zona norte de la metrópolis, salvo para visitar a algún pariente o en alguna actividad "especial" de alguna de las instituciones educativas, como podría ser ir al Planetario. Con sus familias, suelen ir al casco histórico del partido en donde está el centro comercial, conocen los shoppings de la zona, conocen *el Tigre, la isla*, las grandes cadenas de supermercados que se encuentran próximas a su barrio. Es decir, estos niños urbanos no se mueven solamente entre "enclaves de pobreza", sino que circulan por zonas de diferentes usos y clases sociales, perciben y experimentan las desigualdades; son, se sienten y se imaginan parte de la gran ciudad.

El concepto de ciudad que los niños ponen de manifiesto en diversas situaciones –como veremos a lo largo de los próximos capítulos– es un concepto integral que responde a una mirada tanto ambiental, urbana, física como social, sin distinguir tanto entre estas diferentes dimensiones; cuestionando el límite entre "villas" o "asentamientos informales" y "barrios". Si bien en la mayoría de los diálogos, los niños hacen alusiones a referencias espaciales físicas y sociales que dan cuenta de las particularidades de su localidad, éstas no descartan las problemáticas que vinculan a su barrio con el "resto" de la ciudad, expresando sobre todo una perspectiva relacional de los temas.

En una actividad realizada por parte del "equipo de campo" del PROMEBA II con niños de entre 9 y 10 años, los niños respondieron a la consigna propuesta sobre "lo que está bien" y "lo que está mal" en "el barrio". Si bien la consigna era amplia, el contexto de la actividad claramente se enmarcaba en el ámbito del PROMEBA que se estaba ejecutando en ese momento (octubre 2009) en el barrio San Jorge. La actividad se realizó en *el obrador*, sitio de acopio y gestión de la empresa constructora y del equipo técnico, ubicado en el barrio Hardoy, con niños que habitaban tanto en Hardoy como en San Jorge. Se presentó la actividad como una de las "actividades comunitarias", en este caso, con niños que concurrían a uno de los apoyos escolares del barrio San Jorge, y como una forma de difundir las actividades del programa y del "equipo de campo" y de conocer la opinión de los niños sobre el PROMEBA. Se registraron las respuestas de forma colectiva, sin identificar a cada niño, ni asociarlos con posibles "beneficiarios". Participé como parte del equipo de profesionales que "acompañan" el avance del programa.

Respecto a "lo que está bien" en "el barrio", los niños mencionaron las obras de infraestructura física referidas a los "espacios públicos" (plazas, calles) y "privados" (casas) que ellos utilizan a diario, así como los servicios básicos (electricidad, recolección de basura):

"lo que está bien es que están arreglando la calle";

"lo que está bien es que arreglen el barrio";

"más juegos"; "más caños"; "más luz"; "más volquetes";

"plaza nueva";

"arreglar casas";

"hacer y respetar veredas".

(14-10-09)

Y como "lo que está mal" mencionaron tanto aspectos físicos del estado de las obras ejecutadas como aspectos de problemáticas sociales y ambientales:

"desastre después de las obras";

"matan"; "tiros"; "robos";

"están todas las calles rotas y los tiros"; "lo que está mal es las calles sucias y con barro"; "dejar barro";

"discriminación";

"calles juntas";

"basura"; "perros muertos"; "muchos perros";

"rotas las rejas".

(14-10-09)

Niñas caminan sobre orilla de *el río* en el marco de una actividad del PROMEBA II (27-9-10).

"Vallado de obra" sobre una de las calles de acceso al barrio San Jorge (5-10-09).

Este diagnóstico da cuenta de un espacio urbano en estado de transformación, también refiere a una ciudad con inequidades sociales, ineficiencia en las acciones de las obras públicas y problemas ambientales.

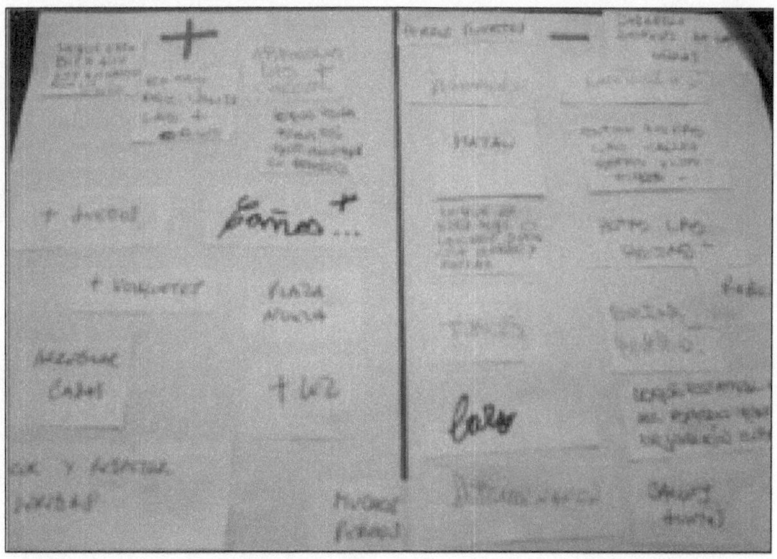

Foto del afiche con respuestas de los chicos (14-10-09).

Un poco más tarde, durante la misma actividad, pero respondiendo a la pregunta "¿qué podemos hacer para que el barrio esté mejor?", los niños dijeron:

"no tiremos basura en el río";

"no dejemos los animales sueltos";

"respetemos a los vecinos";

"no rompamos los juegos de la plaza";

"cuidemos la ciudad";

"todos somos responsables de que nuestro barrio esté mejor";

"cuidemos las flores y árboles";

"cuidemos".

(14-10-09)

Sus respuestas describen algunos aspectos de su *barrio*, hacen referencia al estado físico y social, dan cuenta de los cambios que están viviendo, de su interés por la naturaleza, por los lugares de juegos y el "espacio público", y señalan que quieren un barrio *mejor* y que ellos pueden contribuir para lograrlo. Ponen en evidencia que conocen los problemas urbanos, son parte de ellos, y se sienten responsables como habitantes de la ciudad.

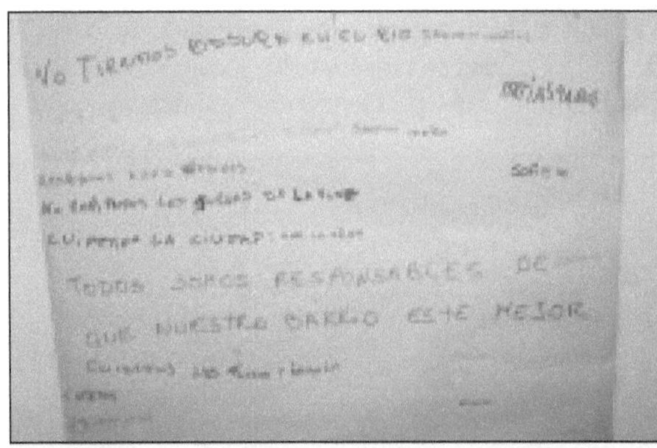

Izquierda:
Foto del afiche con respuestas de los chicos (14-10-09).

Abajo:
Plaza "Pitágoras" o de *la entrada* del barrio San Jorge, con juegos nuevos y hamacas rotas, antes de su "reinauguración formal", en el marco del PROMEBA II (27-9-10).

En uno de los últimos informes de UN Hábitat (*State of the World's Cities Report 2012/2013: Prosperity of Cities*, 2013) respecto del estado de las ciudades del mundo, se plantea el concepto de "prosperidad" urbana en base a los siguientes ejes: productividad, desarrollo de infraestructura, calidad de vida, equidad e inclusión social, y sustentabilidad ambiental. Al menos cuatro de estos puntos han sido mencionados por los niños de *el barrio* –y también por los adultos– no sólo en el ejemplo anterior, sino en los que seguirán en los próximos capítulos.

En sus propuestas de "soluciones" implican no sólo a las acciones de las políticas públicas sino a las acciones de la vida cotidiana; y además se involucran en tanto *responsables* de los cambios.

Los niños –al igual que los jóvenes y adultos– reconocen los conflictos como parte de su cotidianeidad, y como parte de una realidad compleja, integral que involucra la construcción diaria del espacio en el que viven y en el que aprenden a vivir; no separan el espacio físico del social, abordan la configuración del barrio-ciudad desde la propia experiencia.

Los pobladores no clasifican a la ciudad en "zonas especiales" o "de interés social" como lo concebido por las políticas habitacionales, sino en espacios que viven diariamente, que se transforman, que hay que cuidar, espacios atravesados por muchos y diversos significados. Tanto los niños como los adultos ven, oyen, caminan, pasan por determinada *esquina* y por otra no, para evitar potenciales agresiones, saben dónde viven *los ricos*, y plantean las dificultades de los programas de gobierno cuyo objetivo es gestionar el "espacio urbano".

Repensando circuitos y discursos cotidianos

La población mundial se concentra cada vez más en las ciudades. El modelo de las ciudades contemporáneas propuesto por los técnicos urbanos sigue siendo un modelo racional, homogéneo, que concibe el espacio desde una lógica clasista, que naturaliza algunas clasificaciones como "barrio", "villa", "asentamiento", "barrio cerrado" y reproduce formas de exclusión socio-espacial, poniendo el eje en la infraestructura física, la estética y el diseño de la traza urbana. Dentro de esta misma lógica de acción y de configuración de los espacios, es que el Estado municipal planifica y gestiona el "Plan de Desarrollo Urbano" (2009). En este sentido, se habla de "barrios de emergencia" cuando –como San Jorge– ya tienen más de 50 años de existencia, se habla de "barrios nuevos" –como Hardoy– en contraposición a las "villas" cuando persisten los mismos problemas socio-económicos, se conciben "urbanizaciones cerradas" como parte del paisaje de las ciudades que pretenden ser inclusivas. Dentro de estas mismas concepciones es que los habitantes de la ciudad se mueven, clasificando y naturalizando formas de ser y estar en la ciudad.

Como vimos preliminarmente en este capítulo, y como profundizaré en los siguientes, los pobladores configuran el espacio urbano centrándose en las problemáticas sociales, sin desconocer las necesidades físicas y de infraestructura o los problemas ambientales, pero también buscando soluciones. La perspectiva de los residentes, niños y adultos, respecto de su barrio-ciudad permite reflexionar sobre las formas tradicionales de concebir el mundo urbano, las formas aprendidas e internalizadas a través de los diferentes discursos sociales y de las prácticas de los sujetos.

A nivel personal, dialogar con la perspectiva de los sujetos que habitan en *el barrio* me ha obligado a repensar la postura desde la cual observo y evalúo la estética de lo urbano, a repensar cómo clasifico espacios y personas, y a analizar la forma en que uno se mueve por la ciudad, circulando por ciertos barrios y evitando otros, reproduciendo y naturalizando mecanismos de discriminación, concibiendo en la teoría una ciudad equitativa pero *caminando* otra.

Apoyándome en mi lectura de *En busca de respeto...* de Bourgois (2010) comprendí la relevancia de la participación del investigador en la construcción del espacio para dar cuenta de la vitalidad de las experiencias socio-espaciales. Bourgois analiza *el barrio* en tanto un espacio en donde los individuos experimentamos múltiples y complejas relaciones personales y contradicciones éticas, en donde se expresan "la telaraña de fuerzas estructurales, legados históricos, imperativos culturales y acciones individuales" (2010: 333) que moldean nuestras prácticas cotidianas y en donde el investigador comparte estas experiencias con los residentes. En este sentido, haber ocupado una posición activa en la trama de las relaciones de *el barrio* desde mi rol de técnica en la ONG, voluntaria en *la biblioteca* y parte del "equipo de campo" del PROMEBA, me permitió conocer de cerca experiencias, que me involucraron en diversas facetas de la vitalidad de *el barrio*. Con los niños advertí otro *barrio*. Los *chicos* me mostraron las diversas posibilidades de agenciamiento de los habitantes y así pude reparar en su activa participación política en la disputa de los espacios[34], aun por fuera de los espacios "formales" de participación en los procesos de urbanización.

---

34   Agier (2011), en diálogo con Lefebvre (1974) y De Certeau (2000), propone estudiar la ciudad a partir de la experiencia de los ciudadanos. Este antropólogo, además de organizar un estado del arte de los estudios antropológicos, plantea la diferencia entre antropología urbana y antropología de la ciudad, centrando su crítica en el urbanismo funcionalista que concibe la ciudad en zonas especializadas y proponiendo la antropología de la ciudad como una disciplina de cambio, situacional, que considera la experiencia de los "sujetos políticos" (2012) que cuestionan el orden urbano dado.

Capítulo II

Políticas que trazan espacios

Introducción

Este capítulo tiene como objetivo mostrar cómo se configuran y transforman los barrios a partir de las acciones de las políticas públicas orientadas al "hábitat" y destinadas a los "pobres urbanos". Presento aquí una selección de acciones que dan cuenta de los procesos políticos, sociales, económicos que construyen la ciudad en un desarrollo de urbanización que lleva ya más de seis décadas a escala barrial. Este recorte de la historia tiene la intención de ilustrar cómo a partir de la "intervención" política del Estado y del accionar de otros actores sociales se van conformando los barrios Hardoy y San Jorge como parte integrante de la ciudad. Intento reflejar cómo este proceso histórico de cambio permanente es una construcción colectiva en la que conviven luchas cotidianas de diferentes sujetos, tengan éstos mayor o menor legitimidad social y visibilidad en la toma de decisiones, sean niños, jóvenes o adultos, estén formalmente organizados, institucionalizados o no. Aquí estoy poniendo en discusión la noción de proceso histórico de cambio que pone el eje sólo en las acciones de las políticas públicas que "ordenan" y "planifican" los territorios según una lógica y modelo de ciudad formal-legal, identificado con el "progreso" y "desarrollo urbano", ignorando o desestimando la perspectiva de los sujetos que habitan en estos lugares.

Así planteado, las intervenciones de las acciones políticas de la vida cotidiana en relación al espacio manifiestan la tensión entre la lógica de planificación del Estado y su modelo de ciudad y la de los habitantes.

Este capítulo se basa en la concepción del proceso de urbanización en tanto un proceso atravesado por disputas de poder (Massey, 1994) y relaciones sociales conflictivas y cooperativas (Simmel, 2010) entre diversos sujetos e instituciones, proceso que se ejerce y se pone de manifiesto a través de las prácticas cotidianas en el espacio (De Certeau, 2000) y el lenguaje (Kuper, 1972) de la vida cotidiana.

Para pensar la relación entre espacio y política, el término de "geometría del poder" que propone Massey (1994) me fue muy útil, ya que da cuenta de cómo los grupos, las instituciones y los individuos se posicionan de manera diferente, ocupando una posición social dinámica, jerarquizada en una "red porosa de relaciones sociales". Así la configuración del espacio urbano implica pensar en un proceso humano y vivo, que no escapa al conflicto, entendiendo, como Simmel (2010), al conflicto como parte de la coexistencia humana, como una forma de socialización en la ciudad.

Considerar los procesos de urbanización como dinámicos y conflictivos (Simmel, 2010), tanto a partir de las relaciones de cooperación como de las de confrontación, me permitió hacer hincapié en las experiencias vitales de estos procesos en vez de en los planes urbanos, es decir, concebir el espacio social más que el objeto de la planificación arquitectónica. Centrarme en los sujetos y en las relaciones también me ha permitido salir de la dicotomía "técnicos-beneficiarios" para pensar matices de esta misma relación, por ejemplo, en las categorías de "delegados", "vecinos" y también para incorporar otros actores sociales como las organizaciones barriales, ONGs, *las señas*, etc., como partícipes de los procesos socio-espaciales. En este capítulo doy cuenta de cómo participan estos diferentes actores sociales en el proceso de transformación de los barrios a lo largo de la historia y, durante todo el trabajo, expongo y reflexiono sobre mi propia participación como técnica en esta trama de relaciones.

Organizo este capítulo en dos partes que muestran diferentes perspectivas del espacio barrial y de formas de participación política. La primera se centra en el barrio San Jorge y en las políticas públicas que dieron origen a este barrio: políticas de "erradicación de villas" que impulsaron la segregación territorial no sólo a nivel de la ciudad de Buenos Aires y de los partidos del conurbano sino también al "interior" del barrio.

La segunda parte relata la articulación entre diferentes actores sociales, civiles e institucionales que actúan políticamente a nivel barrial en un proceso centrado en la *"lucha por la tierra y el agua"* (película IIED-AL, 2009) que origina la creación del barrio Hardoy[1]. Aquí planteo la necesidad de considerar el espacio junto a la dimensión del tiempo, y así la vivencia y construcción de *el barrio* como parte de un proceso político, económico, social diario, enmarcado en un contexto histórico[2].

---

1   Muchos de los testimonios de los habitantes que relatan la historia de *el barrio* en este capítulo fueron extraídos de la película "El agua era un sueño", elaborada por el IIED-AL, cuyo objetivo era dar cuenta de la participación de esta ONG en el "proceso de mejoramiento urbano" de estos barrios.

2   Milton Santos sostiene desde el campo de la geografía que "El espacio no es ni una cosa ni un sistema de cosas, sino una realidad relacional. (…) El espacio debe considerarse como el conjunto indisociable del que participan, por un lado, cierta disposición de objetos geográficos, objetos naturales y objetos sociales, y por otro, la vida que los llena y anima, la sociedad en movimiento" (1996: 27-28). Su teoría me ayudó a diferenciar el "espacio", el "territorio", de los "lugares"

Políticas de "erradicación de villas": *el San Jorge*

El barrio San Jorge se formó en los años cincuenta en los *fondos* de Virreyes, en la cuenca del río Reconquista. En sus inicios era conocido como "Barrio Splendid" ya que los terrenos se habían rellenado con el fin de instalar una radio con el nombre homónimo (Segura, 2012); estos edificios de la radio albergan actualmente un Centro de Salud y un Jardín de Infantes.

Antiguos edificios de la radio. Arriba: Edificio del "obrador" del PROMEBA I, actualmente Centro de Salud. Abajo: Jardín de Infantes (9-10-09).

---

físicos, tangibles, objeto de las obras de infraestructura de las acciones de gobierno, y sobre todo a incorporar la temporalidad del espacio vivido.

En los años sesenta, el barrio se densificó en el marco de un Plan Nacional –"Plan Elseve"– de "erradicación de villas de emergencia"[3]. El gobierno municipal desplazó en el año 1961 a sesenta familias (Schusterman y Hardoy, 1997: 95) de una zona cercana al casco histórico de San Fernando a "viviendas de emergencia". Estos primeros pobladores fueron "relocalizados"[4] de forma compulsiva a *unas casitas que le*[s] *daban de chapa, con una libreta que tenían que pagar, tenían su cocina, su comedor, el baño que es redondo y de chapa*" (Susana, película IIED-AL, 2009), en el "distrito Reconquista" según la zonificación oficial de entonces.

Esta zona, también conocida como "bañados", se caracterizaba por las frecuentes inundaciones y el estado de insalubridad producto de los animales muertos arrojados en *la quema* ya que allí se faenaban animales con la autorización del Ministerio de Acción Social y Salud Pública (Segura, 2012: 259). El Estado tuvo un rol promotor en asentar a estos primeros pobladores en tierras sin servicios, contaminadas y anegadas; zona que se empezó a conocer como "*Villa Latita*" por la construcción de las viviendas con chapa.

A pesar del entorno desfavorable, la zona se fue poblando gradualmente ya que contaba con una escuela, un jardín de infantes, una *salita*, estaba conectada por una red de transporte público, estaba cerca de industrias, y tenía poco riesgo de desalojo pues el 60% de la tierra era propiedad fiscal de la provincia de Buenos Aires y el 40% propiedad privada (Hardoy *et ál.*, 1991: 108).

---

3   Tanto en el gobierno de facto de Juan Carlos Onganía (1966-1970) como en la última dictadura (1976-1983) se establecieron mecanismos de "erradicación" de las "villas miserias" destruyendo viviendas y trasladando compulsivamente a sus habitantes a zonas del Gran Buenos Aires, impulsando políticas neoliberales a favor del mercado y desalentando el crecimiento urbano de los sectores populares, y otras políticas públicas cuyas premisas eran "congelar, desalentar, erradicar". En la provincia de Buenos Aires se implementó la Ley de Usos del Suelo (Decreto Ley 8912/77) que puso fin a los loteos económicos y reguló el derecho al espacio urbano prohibiendo la producción de lotes por fuera del área de servicios urbanos (Di Virgilio, 2009; Rodríguez *et ál.*, 2007).

4   Los trabajos vinculados a los procesos de relocalización se clasifican, por un lado, en aquellos que estudian las relocalizaciones colectivas, motivadas por desastres naturales, construcciones de gran escala, procesos de transformación urbana; y por el otro lado, aquellas relocalizaciones de carácter individual, motivadas por mudanzas, divorcios, etc. (Barabas y Bartolomé, 1992; Bartolomé, 1985). Asimismo, se puede distinguir entre la relocalización voluntaria y/o con el consenso de los individuos involucrados, y la relocalización de carácter coercitivo. Muchos de estos estudios demuestran que los procesos de relocalización implican estrés, conflictos familiares, violencia, enfermedades, ruptura en las redes sociales y dificultad en generar nuevos lazos a corto plazo (Bartlett, 1997), tiñendo el fenómeno de la relocalización con conceptos tales como: "crisis vital", "pérdida", "drama social" (Boivin y Hermitte, 1983, en Bartolomé, 1985), "stress multidimensional de relocalización" (Scudder y Colson, 1972, en Bartolomé, 1985), poniendo énfasis en el "costo social" (Bartolomé, 1985) o "costos ocultos" que devienen de estas intervenciones y cuestionando la lógica de "mejoramiento" y de "progreso" que subyace y se prioriza en los programas de gobierno implementados en los barrios Hardoy y San Jorge. Esta investigación no se adecua a ninguna de estas formas de clasificación exactamente ya que implica un proceso de transformación urbana a pequeña escala, pero en un período de tiempo extenso que no sólo abarca los programas de urbanización del Estado, sino que muestra un proceso que afecta a las relaciones comunitarias, familiares e individuales, y en el que se pone en discusión el sentido de la relocalización "voluntaria", "consensuada" o "coercitiva" en función de la perspectiva y el período histórico analizado.

   CIUDADES A PIE. ETNOGRAFÍA SOBRE UN PROCESO DE URBANIZACIÓN

La figura de un sacerdote de la iglesia de Antioquía, *el padre Jorge*, también se vincula con estos primeros tiempos fundacionales. El *cura* construyó una capilla en 1973 y vivió en el *barrio viejo* durante aproximadamente veinte años. Algunos pobladores recuerdan la *época del padre Jorge* como una época de *orden* y *tranquilidad*[5]. Otros vecinos vinculan al *cura* con actitudes coercitivas, propias del régimen de facto, y mencionan, por ejemplo, que imponía orden "*a los tiros*" (año 2006)[6]. Algunas investigaciones sobre el barrio sostienen que su poder era tal que llegó a cambiar el nombre original por el del patrono de su iglesia "San Jorge" (Nassif *et ál.*, 2010: 4); o que dirigía el barrio como un "campo militar", manteniendo vínculos con altos funcionarios del último gobierno de Perón y de su esposa (1973-1976) y con los gobiernos de facto de 1976-1983 (Hardoy *et ál.*, 1991: 117; Schusterman y Hardoy, 1997: 113).

En la década de 1960 se construyó, al lado del barrio, el frigorífico Compañía de Carniceros Sociedad Anónima –COCARSA– que atrajo y empleó a muchos de los primeros pobladores. Esta empresa contaba en 1966 con nueve cámaras frigoríficas (Segura, 2012: 260). *COCARSA*, al igual que la otra empresa que linda con el barrio San Jorge, *Fenoblock*, es uno de los actores privados principales que ha establecido una relación histórica de colaboración respecto del suministro de agua y empleo[7] y de donaciones de materiales, por un lado, pero de agresión en el sentido de contaminar y degradar las aguas de *el río* y afectar el entorno inmediato, por el otro –como veremos más adelante en este capítulo y en el capítulo cuatro–.

El Corralón El Líder, uno de los principales proveedores de materiales de construcción para los habitantes de estos barrios, también fue construido a principios de los años sesenta en la avenida Avellaneda, muy próximo al barrio.

Estas relaciones de producción y vecindad permiten comprender la interacción entre el sector industrial y los pobladores que fueron configurando la zona oeste del partido de San Fernando, fusionando lo "residencial" con lo "industrial" en terrenos "vacantes" de la "periferia", acompañando y a pesar de las políticas de gobierno.

---

5   En una reciente publicación sobre la historia local titulada *San Fernando total. Una visión de nuestra historia* se relata que este sacerdote "contribuyó a la organización de los vecinos y a la resolución de los principales problemas del asentamiento, que era un barrio de emergencia" (Segura, 2012: 258). El libro se autoproclama como un relato de la "historia de todas las localidades", especialmente de la zona de Virreyes y Victoria y contó con el apoyo de funcionarios de gobierno municipales y provinciales, y empresarios locales.

6   No recuerdo la fecha exacta de estos diálogos con dos vecinos del barrio San Jorge, pero sus palabras me quedaron grabadas ya que a través de ellos conocí la figura del *padre Jorge*.

7   A diferencia de lo que pasa en otros casos en donde los habitantes, sobre todo de San Jorge, ante una oferta de trabajo ocultan su domicilio o usan el de algún familiar para no ser estigmatizados, vivir en San Jorge o en Hardoy es un valor apreciado para el frigorífico, ya que implica proximidad al sitio de empleo.

En el año 1978, el gobierno volvió a expulsar de una zona céntrica del municipio a otro grupo de gente a las tierras del barrio San Jorge. Esta vez, se adjudicó el desalojo de estas 200 familias a la realización de obras de infraestructura en donde esta población residía. Doña Rosa recuerda cuando *"los militares"* la *"sacaron"*: *"Vine acá por razones que son bastante feas. Nos trajeron de un barrio carenciado y nos trajeron al río Reconquista (...) ardían las casitas y nosotros adentro"*. Esta habitante, "delegada" y miembro de *la cooperativa*, que tenía al momento de este testimonio un poco más de 70 años, construyó su vivienda con materiales de descarte *"encontrados en la quema"* que su esposo traía *"baldosa tras baldosa"* (documental Canal Encuentro, 2010).

Gabriela, una joven de 21 años que por su corta edad conoce esta parte de la historia a través de lo que le han contado, relata otra versión de la misma situación, entendiendo la "relocalización" como una respuesta del gobierno ante un incendio: *"El barrio San Jorge era conocido como Villa Latita porque las casas eran pequeñas y hechas de lata. Después, se hizo el Barrio Nuevo cuando la gente que vivía detrás del cementerio perdió sus casas en un incendio. Trajeron a la gente acá, a la zona nueva"* (en Hardoy et ál., 2010: 127)[8]. Esta otra versión de la misma "relocalización" da cuenta de que un mismo fenómeno puede ser considerado de forma diferente según cada actor social –y según cómo ha sido vivido o enseñado–, y también pone de manifiesto la importancia de poner en diálogo estas diversas perspectivas para mostrar cómo se experimenta y se reproduce localmente un determinado fenómeno político. Asimismo, da cuenta de un proceso de control estatal, de cómo las acciones de gobierno van trazando barrios, imponiendo límites y reorganizando la forma de vida, a pesar de los sujetos.

Este segundo "reordenamiento" del territorio por parte del gobierno municipal se dio en un contexto de mayor "planificación urbana" –siguiendo el nuevo paradigma de "radicación de villas y asentamientos *in situ*" (Di Virgilio et ál., 2012b: 45)–, ya que el gobierno rellenó y subdividió los terrenos siguiendo una trama urbana homogénea. Surgió así el contraste entre dos zonas que los habitantes denominan *barrio viejo* y *barrio nuevo*. Mientras el *barrio viejo* está conformado por pasillos angostos y lotes de dimensiones y formas irregulares, con zonas a las que sólo se puede acceder a pie y de terrenos muy bajos e inundables; las calles del *barrio nuevo* son abiertas, siguen una cuadrícula y líneas rectas, son más espaciosas y los lotes son de dimensiones similares. Esta forma de trazado urbano –organizado conforme a una cuadrícula– responde a una política de Estado que empieza a reconocer los "asentamientos urbanos precarios" como espacios de residencia a largo plazo, en comparación con las "villas de emergencia" consideradas oficialmente como lugares transitorios.

---

8   Segura (2012), en la reconstrucción histórica que elaboró de San Fernando, también sostiene que este reasentamiento se debió a un "incendio" en un asentamiento de la calle Uruguay (calle que se localiza cerca del cementerio municipal) y no a una acción deliberada de gobierno.

Desde la década de 1980, la población que vive en el barrio San Jorge se divide en residentes del *barrio viejo* y del *barrio nuevo,* estas diferencias llegan en algunos casos al punto de que algunos vecinos *no pueden pisar* el "otro" barrio.

"Pasillo" del *barrio viejo* (29-9-09).

"Calle" del *barrio nuevo* (17-9-09).

Barrio Viejo y Barrio Nuevo

"'¿Cómo andás Andrea?', me saluda Rolo acompañado de una niña. Está muy flaco, con el pelo corto (lo solía tener largo). Me sonríe. Me alegro de verlo, no lo veo hace como un año. Le indica a la niña que me salude. Me cuenta que sigue trabajando como jardinero y haciendo changas, y me dice que si sé de algo, lo tenga en cuenta. Me acuerdo de la convocatoria para el vivero y le cuento que están buscando dos personas, y que él cumpliría con todos los requisitos ya que tiene experiencia de trabajo con niños y conoce de jardinería. Se entusiasma y le comento que las solicitudes están en el SUM [Salón de Usos Múltiples]. *No sabe dónde queda, cosa que me sorprende porque el edificio –construido por el PROMEBA– está hecho hace ya varios meses y vive a no más de cinco cuadras de allí. Y si no, en la cooperativa del San Jorge, agrego. 'Yo por allá no voy', dice sin dudarlo, y cambiamos de tema".*

(Nota de Campo, 10-2-07)

Rolo ahora vive en el barrio Hardoy, pero hasta hace poco vivía en *el barrio viejo*. Rolo *no va* al *barrio nuevo* donde se encuentra la organización que estaba gestionando esta oferta de trabajo, a pesar de que esto implique perderse una oportunidad laboral. Como él, muchos habitantes de un sector *no pueden ir* al otro porque tienen *problemas*[9] con personas del "otro" barrio, o incluso, aun sin tener un conflicto con alguien específico, *no van* o no han ido en años.

Esta división socio-territorial del espacio barrial está tan incorporada en las prácticas de *el barrio*, que entonces no me sorprendí de que Rolo no fuera a un determinado "sector" del barrio San Jorge, porque incluso esta división está naturalizada en las mismas acciones del PROMEBA. Mucho tiempo después, en la etapa de escritura de esta etnografía, al releer las notas de campo y habiendo ya identificado *el barrio* como una "categoría política" (Frederic, 2005), advertí en la frase de Rolo las restricciones, reglas y límites socio-espaciales que organizan su vida cotidiana y las de las personas vinculadas a estos barrios. También advertí cómo había incorporado y aprendido esta forma de organizar y referenciar las prácticas socio-espaciales en mi trabajo como técnica de la ONG.

Esta situación da lugar a analizar el impacto de las acciones de las políticas de "erradicación" y "reordenamiento" poblacional que configuraron el barrio desde la década de 1960 hasta fines de los años setenta y que persiste luego de décadas, y se reproduce en el lenguaje cotidiano de los actores involucrados en la vida de *el barrio*. Asimismo, da cuenta de que el espa-

---

9   En 2010, una compañera de trabajo del IIED-AL realizó una consulta sobre el uso de la "plaza del barrio nuevo", preguntando, entre otros puntos, las razones por las que los jóvenes y adultos *no van* a la plaza. Los jóvenes mencionaron: *"porque me van a matar"*; *"porque tengo problemas con esos pibes"*; *"porque no es mi zona"*; *"porque no me gusta"*; *"está fea"*; *"no tiene juegos"*; *"porque está llena de basura"*, entre otras razones.

cio se construye física y socialmente a través del accionar político tanto del Estado como de los individuos, en un proceso permanente, diario, de interacción social.

La división interna entre *barrio viejo* y *nuevo* está verbalizada en "el lenguaje de los sitios" (Kuper, 1972, en Low & Lawrence-Zúñiga, 2003: 259), naturalizada en el discurso local e incorporada en la práctica política cotidiana, no sólo de los habitantes sino de los técnicos de gobierno y de las instituciones locales y ONGs de *afuera del barrio*. Tanto es así que, por ejemplo, las primeras reuniones informativas convocadas por el municipio respecto al inicio del PROMEBA II en el barrio San Jorge y otras reuniones que el equipo técnico consideraba importantes durante la ejecución de este programa se realizaron primero en *el jardín* del *barrio viejo*, y luego en *la capilla* en el *barrio nuevo*, para dar la posibilidad de que "todos los vecinos participen", viendo en esta práctica una medida para favorecer la "participación comunitaria".

Reuniones con "vecinos" del barrio San Jorge, PROMEBA II. Arriba: con "vecinos del barrio nuevo" en la *capilla* (28-9-09). Abajo: con "vecinos del barrio viejo" en *el jardín* (30-9-09).

La forma de entender esta confrontación y de naturalizarla da cuenta de la implicación de los técnicos en este proceso de división socio-territorial; en el sentido de que sus acciones también constituyen política y cotidianamente esta confrontación entre *barrio nuevo* y *barrio viejo*, generando nuevos escenarios para resignificar estas relaciones a lo largo de la historia.

Este mecanismo de segregación socio-espacial al interior del barrio San Jorge, que hace que algunos pobladores no caminen por ciertas calles, tiene puntos de contacto con lo que hemos analizado en el capítulo anterior respecto a la naturalización de la "villa", "barrio" y "barrio cerrado" asociando problemáticas a las diferentes configuraciones espaciales, y así "ordenando" la circulación y el paisaje urbano. Es decir, en estas interacciones entre técnicos y residentes, se reproduce una forma de división social que organiza la vida en *el barrio*, y divide y asocia personas a lugares generando formas de estigmatización a lo largo de la historia barrial.

Foto satelital del barrio San Jorge. Izq. abajo: *barrio viejo*. Der. abajo: *barrio nuevo*. Arriba de *la ruta*: *la escuela* y *la salita* (edificios rectangulares blancos). Ángulo superior derecho: zona pantanosa en donde se poblaría a partir de 1994 el barrio Hardoy. Fuente: Archivo IIED-AL.

La configuración de la localidad es, en ambos casos, aprendida a través de las prácticas y discursos cotidianos. Los "vecinos" –adultos– eligen "delegados" y se realizan reuniones del PROMEBA "por sector" confirmando esa división. Dentro de las acciones de "reordenamiento urbano" del PROMEBA II, el gobierno planifica una "plaza para el barrio nuevo" y otra "para el barrio viejo" y los técnicos –en los que me incluyo– organizan el

 Ciudades a pie. Etnografía sobre un proceso de urbanización

"acompañamiento social de estas obras" en función de estas divisiones, por ejemplo, asignando el "padrinazgo" de la "plaza del barrio nuevo" al jardín maternal y al *apoyo*, y la colaboración para la inauguración oficial de la "plaza del barrio viejo" a un grupo de murga, un grupo de jóvenes, y a otro jardín de infantes, en función de la cercanía geográfica de cada institución.

Dar cuenta de la trama social e institucional –o "redes de ayuda mutua" según el término de Lomnitz (1995)– de los barrios Hardoy y San Jorge contribuyó a comprender el sentido de la categoría nativa de *el barrio* pues tienen instituciones y actividades en común, pero también diferencias como las que dividen *barrio viejo* de *barrio nuevo*.

La lucha por la tierra y el agua

La tierra y la organización de los vecinos

"La historia de nuestro barrio (...), las calles eran así todo de tierra, todo sin agua, sin cloacas, medianamente con una luz precaria, y bue con los años y el esfuerzo de los vecinos y formándose la cooperativa empezamos a tener el barrio que –todavía no lo terminamos de concretar, ¿no?– que queremos".

Explica Susana, en el documental "El agua era un sueño" (2009) elaborado por el IIED-AL, dando cuenta de la importancia de *la cooperativa* en la historia de *el barrio* –San Jorge y Hardoy–.

Susana vive en el *barrio nuevo* desde sus 12 años, tiene 9 hijos y 6 nietos, fue una de las fundadoras y actual presidente de *la cooperativa*, organización barrial que se creó en 1991 para "regularizar la tenencia de las tierras", con una adhesión del 85% de los pobladores adultos del barrio San Jorge (Schusterman y Hardoy, 1997: 105) y que funcionaba en la *Casa del Barrio* frente a la capilla, en el *barrio nuevo*.

En 1989 los habitantes se organizaron para realizar algunas actividades como el "mejoramiento" del 30% de las calles del barrio con escombros mezclados con sal, cemento y agua; y con la producción de un "boletín barrial" (Hardoy *et ál.*, 1991: 110).

En 1990, la Secretaría de Urbanismo y Vivienda de la Provincia de Buenos Aires, la Municipalidad de San Fernando, y la ONG IIED-AL firmaron un "convenio de colaboración" que exigía que los pobladores se organizaran en algún tipo de asociación reconocida legalmente con el fin de implementar el "Programa de Mejoramiento Integral del barrio San Jorge". Este programa surgió, en un nuevo contexto de gobierno democrático, de un proceso de "participación comunitaria"[10] liderado por la ONG que asumió un

---

10 En el ámbito de las ONGs locales, varios trabajos reflexionan sobre las dificultades y diferentes miradas sobre las "intervenciones urbanas" (Janches y Rohm, 2012; Hardoy *et ál.*, 1991; Schusterman y Hardoy, 1997; Nassif *et ál.*, 2010; Hardoy *et ál.*, 2010; Un Techo, 2011; Di Virgilio

rol central de articulación entre los pobladores y el municipio en el proceso de "formalización" urbana del barrio. Los objetivos de este programa eran: "mejoramiento de infraestructura, de servicios básicos y del medioambiente pero, sobre todo, la transferencia de la propiedad de la tierra del gobierno a los habitantes" (Schusterman y Hardoy, 1997: 105).

Un año más tarde, en 1992, el gobierno municipal "le donó al barrio", a través de la figura de la Cooperativa de Vivienda y Consumo Nuestra Tierra Limitada, *la cooperativa*, siete hectáreas para crear un barrio nuevo, el barrio Hardoy.

Sorteo de tierras. Año 1992. Fuente: Archivo IIED-AL.

A través de un sorteo público, *la cooperativa*, el municipio y la ONG realizaron los *sorteos de los terrenos* entre las personas del *barrio viejo* que estaban en propiedad privada, otras familias que vivían en zonas afectadas constantemente por las inundaciones del río, otras en condiciones de "hacinamiento", y otras familias localizadas en zonas que se consideraba se debían "liberar" para generar calles o "espacios públicos". Los solici-

---

et ál., 2012a). Estos trabajos –además de mi propia experiencia laboral en la ONG IIED-AL– me han ayudado para comprender el punto de vista de los actores de *afuera del barrio* que "trabajan en *el barrio*". A pesar de que estas organizaciones promueven un lugar central a la gestión de las acciones por parte de la comunidad, y suelen recurrir a las redes sociales *del barrio* para sus acciones, el concepto de "participación comunitaria" que adoptan implica siempre la figura de algún tipo de mediador o facilitador entre "los vecinos" y "el gobierno" o empresas privadas, o entre los mismos "vecinos", rol que estas organizaciones suelen asumir. Su forma de trabajo responde a "proyectos" y así "la participación" es una herramienta de trabajo, es una acción racional, planificada y mediada. El aporte de esta etnografía es mostrar que estos actores también participan de los procesos de urbanización, que naturalizan prácticas y discursos nativos, y que es interesante problematizar también sobre sus acciones políticas, y discutir la relación "afuera-adentro".

tantes a ser relocalizados debían presentar el aval de otros tres habitantes como requisito para entrar en *el sorteo de las tierras* y garantía de que no *venían de otro barrio*; esta información era contrastada además con un censo poblacional que se había realizado en el año 1990.

"Hicimos un censo para ver qué cantidad de personas había en el barrio en el año 90. Los delegados elegidos de cada sector nos reuníamos, averiguamos de quién eran estas tierras (...). Para poder gestionar la titularidad teníamos que organizarnos en una cooperativa", sostiene Brenda, una de las "delegadas" que participó de ese proceso y era la presidenta de la cooperativa barrial en ese tiempo (Nassif *et ál.*, 2010).

Además de la cooperativa barrial, el IIED-AL –llamado por algunos vecinos *El Instituto*– tuvo un fuerte protagonismo en las gestiones políticas en pos de la tenencia legal de las tierras. Esta institución ha participado desde 1987 en *el barrio* en diversos proyectos y acciones, articulando recursos del sector civil, el público y el privado: en 1987 con la construcción del jardín maternal del *barrio nuevo*, en 1988 con la de la *Casa del Barrio*, en 1989 con la publicación del boletín barrial, en 1993 con la construcción del *Corralón de Materiales* –primera edificación construida en el barrio Hardoy con el fin de ofrecer créditos dirigidos a la adquisición de materiales de construcción para las primeras viviendas del barrio Hardoy–. Ello luego derivó en otras acciones: un programa de microcréditos de materiales, en vigencia, que cuenta al Corralón El Líder –una de las primeras empresas de la zona de "Virreyes Oeste"– como principal proveedor; la instalación de la red de agua y cloacas en el barrio San Jorge (en 1993) y Hardoy (en 1999); la construcción de *la biblioteca* infantil en el barrio Hardoy (en 2000); y la función de asesores técnicos en los PROMEBA I y II. La participación y rol central de la ONG en esta parte de la historia de *el barrio* quedó manifestada en el nombre del nuevo barrio que lleva el del arquitecto y urbanista "Jorge Hardoy" en mención al presidente del IIED-AL durante esa época.

El siguiente fragmento de una entrevista realizada por cuatro niños a una "delegada" del barrio Hardoy, publicada en el *Periódico de los Chicos*, ejemplifica la articulación entre estos diversos actores –*la cooperativa*, la ONG, la municipalidad, los "delegados", la *gente*– en este período de urbanización de los barrios.

> *Niños* — *¿Quién le puso el nombre al barrio Jorge Hardoy?*
>
> *Delegada* — *Bueno, yo en ese tiempo no participaba de las reuniones que se hacían en la cooperativa. Creo que salió cuando estaba de presidente Brenda Batelli y creo que se propuso ese nombre porque el Señor Hardoy había participado en los comienzos de la cooperativa y por eso le pusieron el nombre. El señor Hardoy es el esposo de la señora Ana Hardoy* [actual presidenta del IIED-AL]. *Sé que participó, que visitaba el barrio.*

Niños   — *¿Quién le puso los números de las casas al barrio?*

Delegada — *Eso salió de la municipalidad, creo que por catastro, porque las calles cuando ya tienen el nombre definitivo vienen con el número de las casas. En principio no, en principio la gente le ponía cualquier número.*

(29-6-07)

Además de mencionar a los participantes del proceso formal de urbanización, las preguntas de los niños dan cuenta de otro aspecto que se devela como consecuencia del reconocimiento legal del Estado en la configuración de un barrio, y que afecta la vida cotidiana; esto es, la forma de identificar la dirección residencial. Mientras en el barrio Hardoy, los lotes "regularizados" y reconocidos a partir del PROMEBA llevan la denominación de una calle y número específicos –por ejemplo, "Málaga 1670"–, aún en el barrio San Jorge, en proceso de "regularización dominial", la denominación y el reconocimiento de las tierras son hechos colectivos –por ejemplo, "Ruta 202, Km 5.5, Casa 51"–, no incorporando el nombre de las calles a pesar de que todas lo tienen. Esta forma de nombrar colectivamente la dirección postal figura en el documento de identidad. Estas diferencias marcan a sus residentes, los distinguen del "resto" de la ciudad, y así los estigmatizan. Tanto los niños como los adultos perciben y no son ajenos a estas diferencias.

Dibujo de la casa de Melanie, en el barrio Hardoy, realizado en una reunión del *Periódico* (2007).

Además de referir a las relaciones entre "el afuera" y "el adentro" de *el barrio*, este diálogo también señala los tiempos del Estado y de las prácticas cotidianas, ya que si bien los residentes conocen y apelan a los nombres de las calles en determinadas situaciones, sobre todo cuando éstas remiten a los límites con otros barrios (calle Miguel Cané, avenida Avellaneda, calle Guatemala), niños y adultos suelen usar aún la forma de enumerar las calles anterior al PROMEBA: *la 27, la 26,* etc. –como se expone en el siguiente fragmento de una entrevista realizada por los chicos del *Periódico* al líder de una banda de rock local–.

> *Chicos — ¿Dónde viven?*
>
> *Jorge   — Nosotros vivimos acá en el Jorge Hardoy. Bueno, yo vivo acá, Eduardo. Y después parte de los músicos viven en San Jorge y algunos viven acá en la 27, pero somos todos de acá. (...)*
>
> *Chicos — Bueno en el bajo, Pablito que es [de] acá del barrio San Jorge; en la pandereta y primera voz y haciendo los coros y la mayoría de las letras, Eduardo que vive acá en el Jorge Hardoy; después en la batería Guillermo que es de la 27; el primer guitarrista Gabriel que también es de la 27; Javier es uno de los guitarristas también que vive acá en el Acceso, y después Manuel que hace la base de la tapa y bueno Ulises, que ustedes lo deben conocer, que tiene 9 años, 10 años tiene. Toca la pandereta con nosotros también.*

(Nota de Campo, 23-3-07)

El agua llega al barrio

> *"'Jugábamos a los carnavales' con el agua de la canilla. Ya estaba la calle hecha. (...) La cloaca la hizo mi papá, otro vecino, la hicieron. Estaban contentos. Era lo primero que hacían por la cuadra".*

(Abril, 13 años, 6-3-04)

En 1990 el 55% de las viviendas del barrio San Jorge se abastecía de canillas públicas, el 39% poseía conexiones domiciliarias "clandestinas", y el resto recibía agua mediante la provisión de un camión cisterna (Caride *et ál.*, 1996). En el año 1993 *llegó el agua al barrio* a raíz de un proyecto, gestionado por la ONG IIED-AL, en base a un "modelo de asociación público-privada" entre la empresa concesionaria Aguas Argentinas S.A., el gobierno municipal, y la sociedad civil representada por la cooperativa barrial y la ONG. "*Se hablaba de un programa que había en Canadá*" (película IIED-AL, 2009) que aportaba parte del financiamiento de las obras pero requería que los pobladores aportaran la mano de obra voluntaria para construir "un sistema alternativo de agua y cloacas"[11], pensado como una solución transitoria, por un plazo aproximado de diez años, hasta tanto se

---

11   Primero se realizó un "proyecto piloto" financiado por el IDRC (International Development Research Centre), agencia pública del gobierno de Canadá, para 25 familias y luego se extendió al resto del barrio. La provisión de agua se realizó mediante una red de agua potable y otra de agua

alcanzase una solución definitiva –en la práctica este sistema se utilizó por el doble de los años planificados–.

"Trabajaban todos, los chicos, los grandes, el zanjeo, las instalaciones de caños. Todo el que quería tener agua en su casa, tenía que trabajar, tenía que hacer por lo menos el frente de su casa (...). Antes de haber agua acá había muchísimos problemas de piel, parásitos en los chicos. Todas esas cosas que ahora no se da[n] tanto. Es lo que da el agua, más higiene".

Recuerda Elizabeth (película IIED-AL, 2009), "delegada" y miembro de *la cooperativa*. Cada familia era responsable de la conexión de la red desde el caño maestro hasta el frente de su lote y de la red domiciliaria. Los vecinos se organizaron con un "representante por manzana"; hubo un total de 32 "delegados". Estos referentes eran los encargados de cobrar las cuotas a los vecinos –ya que los fondos donados resultaron insuficientes–, suministrar información, y ser intermediarios entre *la cooperativa* –que recaudaba el dinero–, la ONG –que dirigió, asistió y supervisó la obra– y los "vecinos".

Nancy tenía dieciocho años

"cuando llegó el agua así en las canillas, era uy qué bueno tenemos agua (...). Pero también con mucho miedo. Y con mucho miedo, de por ahí decir: Y el agua ¿será buena?, ¿no se enfermarán los chicos? La sensación era que te dolía la panza, que olía feo, que tenía mucha lavandina. Es hasta que uno se acostumbre a todo eso, es hasta que uno se acostumbre a todo lo nuevo. Por ahí el agua no te hacía nada, pero era esa sensación. Y todos los chicos estaban: uy me duele la panza. El agua está fea".

(6-3-04)

Hasta entonces los habitantes debían buscar agua en el frigorífico *COCARSA*, responsable de arrojar desechos contaminantes al río Reconquista, de contaminar el ambiente y de otras acciones de "soborno", "presión", "amenaza" para desalojar a los pobladores de los barrios aledaños (IIED-AL, 2005: 10-12). "*COCARSA contamina el aire y el agua*", señala una vecina de otro asentamiento que se encuentra a la orilla del río Reconquista, del otro lado del frigorífico (película IIED-AL, 2009); "*Todos los días matan a una vaca en COCARSA*", dicen los niños (27-4-07).

A pesar de saber y de vivir las consecuencias del accionar de esta empresa, los habitantes del barrio San Jorge recibían la "colaboración" de la empresa y utilizaban la canilla pública de agua dulce que la empresa facilitaba durante alrededor de dos horas al día y a horarios diferentes[12]. Niños, jóvenes, mujeres y hombres mayores hacían cola para llevar el agua para

---

salada para el lavado de ropa, limpieza de la vivienda e higiene personal. El sistema de desagües consistió en alcantarillado sin arrastre de sólidos.

12   Existía un acuerdo entre *COCARSA* y el gobierno local para dar luz y agua al barrio (IIED-AL, 2005: 11).

poder "*bañarse, para higienizarse, para tirar en las plantas, en el patio*". En verano, "*los chicos* [varones] *se bañaban allá directamente*" para no tener que cargar los baldes de 20 litros hasta sus casas para "*llenar un tacho de 200*" litros (Nancy, 6-3-04).

Mujeres, hombres y niños cavando las zanjas frente a sus casas, en el barrio San Jorge. Año 1993. Fuente: Archivo IIED-AL.

Según el censo de 1990 había en el barrio San Jorge 2.926 habitantes, distribuidos de la siguiente forma: 0-10 años, 35,6%; 11-20 años, 25%; 21-60 años, 37,3%; más de 61 años, 2,1% (Hardoy *et ál.*, 1991: 106).

El Hardoy, un barrio sobre una laguna

El barrio Hardoy se formó a partir de "relocalizaciones" planificadas, pero a diferencia del San Jorge éstas no fueron de forma compulsiva, sino "voluntaria y consensuada por la comunidad" en un proceso que se inició formalmente con el "convenio de colaboración" de 1990 antes mencionado, se consolidó con la cesión de las tierras por el gobierno municipal, y fue cobrando fuerza a medida que se mudaron las familias: a fines de 1994, se trasladaron las primeras seis; en 1996, otras 46 familias; luego otra tanda de 78 en 1997, y así gradualmente hasta que en el segundo semestre del año 2005 y primero del 2006 se "relocalizaron" las últimas 94 familias en el marco del PROMEBA I.

La etapa del PROMEBA I fue la que cobró mayor visibilidad en relación a las acciones del Estado y al modelo de urbanización formal pues se "ocuparon" todos los "lotes" disponibles, se "consolidó el barrio" en infraestructura pública y privada, y se otorgaron a los habitantes *las escrituras* de sus terrenos. Desde la década de 1990, los actores sociales involucrados en las instancias de participación formal de este proceso de urbanización –sobre todo, pero no exclusivamente– actuaron con el fin de evitar la "ocupación ilegal" de terrenos por parte de personas *que no eran del barrio*, es decir, participando activa y políticamente en la configuración de los límites geográficos, físicos y sociales de su barrio, confirmando la propuesta de diseño del barrio.

La "donación" de las tierras del barrio Hardoy por parte del Estado estaba sujeta a la condición de que las tierras estuvieran habitadas en el término de dos años, a pesar de que en el nuevo barrio aún no había ni la infraestructura apropiada ni los servicios básicos de agua y saneamiento. La red de agua y cloacas se terminó de construir en el año 1999, cinco años después de su primer poblamiento.

En estas condiciones, los nuevos pobladores estaban obligados a "*empezar de cero*" en un lapso de tiempo acotado. Los terrenos destinados al barrio Hardoy también eran bajos y se inundaban cada vez que llovía. "*Todo el barrio completo era una laguna. Después vinieron a rellenar*" y parcelar explica Marta, una de las primeras pobladoras. Entre los esfuerzos que recuerdan los habitantes, esta mujer relata que tuvieron que "*sacar un auto*" de la tierra para construir los cimientos de su casa.

> *"Todos los que vivimos son gente que en su momento había vivido en el otro barrio, que es San Jorge y de ahí la municipalidad nos mudó acá a 250 familias, y cada uno va haciendo su casa a medida que va pudiendo (...). Lo más difícil era hacer las casas porque tenías de seis meses a un año para construir".*

Explica esta "delegada" barrial en el documental que produjo la ONG IIED-AL para registrar parte de esta historia (película IIED-AL, 2009).

A pesar del esfuerzo personal, Ester, otra de las primeras pobladoras, valora el cambio (película IIED-AL, 2009):

> *"Hay una re diferencia entre San Jorge y Hardoy. No discrimino a San Jorge porque me crié ahí, pero esto es otra vida, para mí y para mis hijos. Me mudé el 13 de septiembre de 1996 construí yo con mis manos, y doy gracias que un día tocaron mi puerta y me dijeron que me tenía que ir".*

Gaby también recuerda el "*día* [que] *golpeó la*[s] *mano*[s] *Susana* [de la cooperativa] *en mi casa. Nunca me voy a olvidar. Me dijo (...) hay una oportunidad, así, así (...). Mirá. Esta señora no puede cruzar al otro lado porque es sola, tiene hijos, no puede pagar los impuestos. ¿A vos qué te parece?*" (18-3-09) y le ofreció la posibilidad de comprar un terreno en el barrio Hardoy. Gaby se había anotado en una *lista* de solicitantes de viviendas que gestionaba la cooperativa barrial, y así empezaron, "*con mucho esfuerzo*" (18-3-09), a construir los cimientos de su nueva casa.

Arriba: Barrio Hardoy. Foto satelital entre los años 1996-2004. Medio: post-PROMEBA, 2005-2007. Abajo: 2013. Referencia de estrella: escuela. Nótese en esta última imagen "las viviendas nuevas" –líneas rectas cercanas al barrio Hardoy– y el "basural a cielo abierto" que suplantó a *el río* en uno de los límites del barrio San Jorge. Fuente: Google Earth.

Configuración política del espacio

En el primer apartado me referí a las acciones políticas de "erradicación de villas miserias" y "relocalización" vinculadas a los primeros asentamientos de población que dieron origen al barrio San Jorge. Allí señalé el impacto de las políticas públicas en la configuración de los límites físicos y políticos de un barrio, estableciendo primero una "villa de emergencia" y años más tarde un "asentamiento", iniciando fronteras espaciales como las que dividen al *barrio viejo* del *barrio nuevo*. Si entendemos al espacio como una configuración social, y siguiendo a Evans-Pritchard (1940: 137) pensamos que "el hombre se ve a sí mismo como miembro de un grupo sólo en oposición a otros grupos" (en Low y Lawrence-Zúñiga, 2003: 256), podemos comprender los diferentes sentidos de pertenencia a uno y otro barrio, que desencadenan prácticas y sentimientos que llegan hasta afectar la circulación de sus habitantes.

Las relocalizaciones planificadas por el Estado –origen de los primeros asentamientos del barrio San Jorge– desplazaron población de zonas "centrales" a áreas "periféricas", corriendo a "los pobres urbanos" a zonas inundables, degradadas ambientalmente y de poco o nulo valor inmobiliario. Esta distribución de uso del suelo por parte del gobierno municipal correspondió a una estrategia de planificación urbana conforme a una relación estructural entre "centro-periferia". Este proceso de desarrollo urbano se sucedió en interacción con las acciones individuales y colectivas de pobladores, comerciantes, industriales, y se consolidó con las políticas públicas de los gobiernos democráticos.

Como vimos estos mecanismos de estigmatización y fragmentación del espacio se insertan en procesos históricos políticos que exceden *al barrio*, pero inciden en su forma de concebir y vivir su localidad e identidad, y se construyen y resignifican en el día a día de sus habitantes. De esta manera, tanto técnicos como residentes naturalizan y así reproducen estas divisiones socio-territoriales cotidianamente.

Asimismo, señalé cómo la configuración del espacio –segregado, dividido, "espacializado"– se aprende. El aprendizaje de cómo se vive y se organiza el espacio barrial se pone de manifiesto en las prácticas cotidianas de niños y adultos residentes, técnicos de ONGs, y funcionarios de gobierno. *El barrio* y sus transformaciones se van configurando en el tiempo y a partir de las acciones de las políticas públicas de gobierno, y de las acciones políticas diarias de sus habitantes y de las personas que "trabajan en el barrio".

El segundo apartado dio cuenta de los diferentes actores sociales –los agentes de gobierno, las organizaciones sociales, los individuos y las empresas privadas– que han participado y participan de un proceso de *lucha por el agua y la tierra*, que atraviesa la historia de los barrios San Jorge y Hardoy y vincula a sus habitantes. Esta sección mostró la interrelación y construcción social del espacio, el poder de agencia de los actores sociales que conforman la "red social"[13] de *el barrio*, y los intercambios de recursos mediante "relaciones de reciprocidad", desiguales, entre "pobres y no pobres" (Pavcovich, 2011) en un proceso de conflicto constante, entendiendo al conflicto como parte de la coexistencia humana y como una forma de socialización, valorando de igual manera las formas de sociabilidad cooperativas como las conflictivas (Simmel, 2010).

Pensar los procesos de urbanización desde el conflicto permite cuestionar ciertos conceptos como "mejoramiento urbano", "participación comunitaria" o "acompañamiento social" presentes en los discursos y prácticas de los programas y planes de gobierno, señalando el espacio en tanto "vivido" y "practicado" (De Certeau, 2000) por sujetos sociales y políticos con capacidad de cambio. Es decir, permite analizar los procesos atendiendo a las articulaciones, negociaciones, apropiaciones y disputas respecto al modelo de ciudad que se propone desde el gobierno. Asimismo, pensar la urbanización desde el concepto de conflicto permite pensar las divisiones entre *barrio viejo* y *barrio nuevo* como formas de socialización en *el barrio*, en vez de como formas de "disociación" (Simmel, 2010: 22).

Las acciones políticas del gobierno –pasadas y en vigencia– han colaborado en la configuración de estos barrios, ya fuera densificando poblamientos como "inventando" nuevos barrios en terrenos desfavorables. Estas políticas públicas se desarrollan en convivencia con las acciones políticas de los ciudadanos a lo largo de un proceso de urbanización que lleva ya seis décadas. Tanto en gobiernos autoritarios como democráticos, las acciones políticas de "tierra y vivienda" de los habitantes y de las organizaciones sociales debieron responder –con menor o mayor consenso de la población, mayor o menor reconocimiento formal– a la lógica de planificación del espacio urbano por parte del Estado. La imposición del poder del Estado a través de la planificación urbana y relocalizaciones –compulsivas o voluntarias– define lugares mediante el disciplinamiento y la organización del paisaje urbano, marcando fronteras geopolíticas que instauran zonas diferenciadas y promueven procesos de segregación socio-espacial. Estos planes conviven con las "tácticas" (De Certeau, 2000) de las personas comunes que transforman los lugares diseñados por los poderes hegemónicos, usando y revirtiendo esos espacios a pequeña escala y de forma imaginativa –como veremos en el capítulo cuatro con los chicos–.

Así intenté descentrar la mirada de la urbanización como aquella acción que procura "integrar" –tanto respecto de la legalidad de la tierra como desde los servicios básicos– a los "barrios" al "resto" de la ciudad para dar cuenta de un proceso dinámico, conflictivo y heterogéneo. En este sentido,

---

13 Red social "remite a un espacio de circulación de bienes y servicios que posibilitan visualizar aquellos mecanismos de supervivencia que ponen en juego quienes viven en situaciones desfavorables" (Pavcovich, 2011: 25).

mostré cómo los técnicos –de gobierno o de ONGs– también son parte activa de estos procesos y así reproducen prácticas y discursos, a pesar de posicionarse como "facilitadores" o "mediadores" entre partes. Debido a ello, incorporo su discurso como "nativo". Estas posiciones ambivalentes, fluctuantes, también se pueden advertir en los "delegados", quienes igualmente asumen el rol de "mediadores" entre *el Promeba* y *los vecinos*.

"Taller de Cierre" del PROMEBA I en el SUM. Primera: la "mesa de trabajo" integrada por "delegados". Segunda: autoridades del municipio y del PROMEBA Nación (2-8-07).

"Taller de Cierre" del PROMEBA I en el SUM. Público de "vecinos beneficiarios" (2-8-07).

Maqueta de *el barrio* realizada por los chicos de *la biblioteca*, exhibida en el "Taller de Cierre" del PROMEBA I (2007).

Vimos también que este proceso de urbanización implicó una historia compartida entre los habitantes del barrio Hardoy y el San Jorge que los une y los desune, y explica por qué, en muchas ocasiones, tanto técnicos como residentes, hablan de *el barrio*; un *barrio* caracterizado por lo que Sanín Santamaría[14] llama "proyectos inacabados y siempre en proceso" (2008: 36 y 51) en el sentido de que las viviendas y/o el espacio público están siempre en proceso de reparación, extensión, mejoramiento, ya sea por intervención del Estado o por procesos de autoconstrucción de sus residentes.

Mi aporte, en este sentido, fue prestar atención a las prácticas políticas de los residentes en articulación con las políticas públicas mostrando un proceso de conflicto y cambio permanente que configura y transforma espacios urbanos.

---

14   Sanín Santamaría (2008) analiza un programa de Estado en Medellín, Colombia, y muestra las tensiones entre la cultura popular de los habitantes –"la ciudad informal"– y la cultura oficial impuesta por los planificadores urbanos –"la ciudad formal" a partir de las diferencias estéticas, uso de espacios y objetos–. Ya los Estudios Culturales (Birdwhistell, 1952; Hayes, 1964; Condon, 1967; Hall, 1968, en Low y Lawrence-Zúñiga, 2003) habían llamado la atención sobre los usos del espacio, las distancias entre personas, la arquitectura, la disposición de los muebles, los gestos y los movimientos del cuerpo, sosteniendo que la forma en que el tiempo y el espacio son manejados constituye una forma de comunicación.

Capítulo III

Nacidos y criados en el barrio de enfrente

Introducción

En este capítulo analizo el proceso de "relocalización", como parte de las acciones de intervención del "Programa de Mejoramiento de Barrios" (PROMEBA). Describo cuál es la lógica de implementación de este programa y cuál es la perspectiva de los técnicos y funcionarios que lo llevan a la práctica, para luego contrastar esta postura con las vivencias de una familia "relocalizada".

Elijo contar la experiencia de la familia de Magalí porque esta niña participó de los encuentros del *Periódico de los Chicos* y porque a través de diferentes actividades como técnica de la ONG y voluntaria de *la biblioteca* conocí a varios integrantes de su familia, lo que me permitió reconstruir algunos datos y aspectos de su historia de vida, más allá del tiempo del trabajo de campo en el que interactué con Magalí. Este relato me permitió entender cómo un mismo proceso de relocalización fue vivido de formas diferentes por los miembros de un mismo núcleo familiar.

Siguiendo la lógica de planificación de un proyecto que comienza, se desarrolla y termina en un lugar y durante un tiempo determinado, "la relocalización" se concibe desde el PROMEBA como una de las acciones necesarias para el "mejoramiento urbano", la "regularización dominial" y la "inclusión social" a la ciudad. Desde esa mirada de "progreso", consecuente con el modelo de ciudad racional, los "costos sociales" (Bartolomé, 1985) se justifican, se ocultan o se desestiman en función de los resultados, ignorando o invisibilizando el impacto que implican este tipo de fenómenos en la vida cotidiana de sus "beneficiarios".

Partiendo de los modos técnicos y políticos de pensar "la relocalización", en este capítulo propongo poner el foco en entender cómo es vivido el proceso de relocalización por los pobladores, sin analizar el valor y los objetivos finales de las acciones de "relocalización" ni discutir los logros obtenidos como la legalidad de la tierra o resultados cuantificables como el acceso a la provisión de servicios básicos. Pretendo aquí plantear la tensión entre la forma de planificar estratégicamente el espacio desde una política pública, y la forma de vivirlo por los sujetos, tanto niños como adultos –pobladores y técnicos–, en la práctica.

En este sentido, con la historia de esta familia y poniéndola en relación con algunos relatos de otros niños y también de otros adultos pude advertir cómo "la relocalización" afectó la convivencia familiar, cómo reorganizó los circuitos cotidianos de los pobladores, cómo los alejó de amigos y parientes, y cómo generó conflictos entre padres e hijos.

Para centrar la mirada en las relaciones de los sujetos fue importante para mi investigación acceder a trabajos del campo de la geografía cultural y de la sociología del espacio. En los últimos años, en el campo de los estudios de la geografía cultural, que estudia la relación entre las personas y el medio ambiente, la atención a las emociones se ha incrementado con el fin de entender el sentido identitario, de pertenencia y los modos de ser y de estar de las personas asociados a los lugares (Horton y Kraftl, 2005, 2006, 2007; Horton *et ál.*, 2008; Bondi *et ál.*, 2005, en Den Besten, 2010). La teoría de la "geografía de las emociones" (Den Besten, 2010; Holloway y Valentine, 2000) considera que los individuos evalúan los lugares según sus afectos; estas "relaciones emocionales" contribuyen a su "sentido de pertenencia" (Parr, 2006, en Den Besten, 2010: 182), aspecto socio-psicológico importante que no se debe comprender como una cuestión individual sino social y espacial, y en vinculación con las relaciones de poder. Asumir este enfoque implicó dejar de preguntarme qué dicen o hacen los residentes respecto a las obras o al diseño de los barrios para incorporar al análisis sus prácticas asociadas a sus vínculos afectivos o vivencias sensibles y así reconsiderar la organización y producción espacial más allá de la urbanización oficial.

La relocalización para el PROMEBA

El "Programa de Mejoramiento de Barrios" se implementó entre 2004 y 2007 en el barrio Hardoy[1]. El PROMEBA es uno de los programas de alcance nacional orientados "al hábitat" que surge durante el gobierno de Néstor Kirchner (2003-2007) como parte de las políticas "compensatorias"[2] enfocadas en la "regularización dominial". Este tipo de políticas

---

[1] También se ejecutó en el barrio La Paz. El barrio La Paz está al lado del barrio Hardoy y data de fines de los años setenta. Es una gran manzana atravesada por tres pasillos por los que "*no entra una ambulancia*" porque "*las calles son chiquititas*", explica Yanina de 9 años que vive allí (1-6-07). El PROMEBA I no se implementó en el barrio San Jorge porque no cumplía con el nivel de cota hidráulica requerido por el programa. El PROMEBA II se implementó en el barrio San Jorge a partir del año 2009.

[2] "Como señala Garay (2007), durante la década de 1990, la política de vivienda en la provincia de Buenos Aires desalentó explícitamente la construcción de viviendas en los partidos del conurbano, para evitar que nuevas familias de bajos ingresos se instalen allí. En términos generales, la política habitacional de este período experimenta un proceso de fragmentación que

implementadas a partir de la década de 1990 surgen "bajo la hipótesis de que la seguridad en la situación de tenencia favorecería la inversión de los pobladores en el mejoramiento habitacional" (Herzer *et ál.*, 1998, en Rodríguez *et ál.*, 2007: 47) otorgando la provisión mínima de infraestructura, y "cristalizando" las "soluciones" que las familias de sectores populares desarrollaron para resolver su "situación de vivienda".

A diferencia de otros programas enmarcados en políticas públicas orientadas al "hábitat", el PROMEBA implica, por requisito de su financiador (Banco Interamericano de Desarrollo), la "participación" de organizaciones sociales y de la población durante su implementación. La "participación" es canalizada a través del "equipo de campo", las "mesas de trabajo"[3], las "reuniones informativas", los "talleres", etc.

El modelo de ciudad oficial que plantea la planificación racional del espacio y pone el eje en la transformación de los lugares físicos indica fronteras geográficas y políticas que dividen a las personas en *la gente que vive en el barrio* y la *de afuera*. Este supuesto es común a diversos interlocutores y forma parte del sentido común; enuncia la pertenencia a un barrio básicamente desde la residencia. La división entre los sujetos de *adentro* y *afuera* atraviesa el concepto de "participación comunitaria" en el marco de las acciones de las políticas públicas pues los técnicos y funcionarios de gobierno –*gente de afuera*– son los encargados de promocionar la "participación" entre los "vecinos" –*gente de adentro*– en las acciones –"formales"– de urbanización.

Además de las obras de infraestructura como: *el gas, las luces, las calles, los baños* y/o *cocinas* para las viviendas auto-construidas, *el SUM* y *las plazas*, el programa implicó la "relocalización" –también llamada "reasentamiento"– planificada de más de 100 "familias" a "los módulos habitacionales" o *casitas nuevas* con el fin de "bajar el grado de hacinamiento poblacional" y "liberar la traza urbana" de sus barrios de origen: San Jorge y La Paz. Es decir, la "relocalización" implicó "intervenir" tanto el "espacio privado" asociado a las casas como el "espacio público" asociado a las calles, parques y plazas –esto último lo desarrollo en el capítulo siguiente–.

---

acompaña la descentralización de la administración de los recursos nacionales de vivienda hacia las jurisdicciones provinciales que tomarán un rol protagónico en su administración. La acción pública se circunscribe a acciones normativas que facilitan la privatización de las iniciativas de construcción de vivienda, la desregulación de la industria de la construcción y la reactivación del crédito hipotecario de largo plazo para sectores con capacidad de pago (Rodulfo, 2003). Asimismo, se desarrollan programas de carácter compensatorio de intervención urbana que operan articuladamente con las políticas sociales de alivio a la pobreza (por ejemplo el Programa de Mejoramiento de Hábitat PROMEBA)" (Di Virgilio, 2009:18).

3   Las "mesas de trabajo" son "espacios de participación y gestión comunitaria" periódicos en donde se juntan técnicos, representantes del municipio, "delegados barriales" y "vecinos" adultos –y eventualmente la empresa constructora u otro actor participante del programa– y se discute sobre los avances de las obras, se hacen consultas, se informa y planifican estrategias de trabajo, se cita a los "beneficiarios", etc.

Los criterios formales que se tomaron desde el ámbito del programa para decidir quién iba "a ser relocalizado" fueron los siguientes: 1) "hacinamiento" o presencia de una "segunda familia" en un mismo lote; 2) "discapacidad o enfermedad crónica" de un miembro de la "familia"; y, 3) "esponjamiento de tierras" –con el fin de abrir calles y/o crear "espacios verdes o públicos" en el barrio de procedencia–. En los dos primeros casos, la "relocalización" fue solicitada por los pobladores y se confeccionó un listado de los aspirantes y la selección final fue consensuada según un orden de prioridad en la "mesa de trabajo". En el tercer caso, la "relocalización" fue obligada y necesaria para el avance del programa. Si una familia no quería mudarse al barrio Hardoy, debía intercambiar una vivienda con otra familia que sí quisiera trasladarse; de no ser viable, el municipio le ofrecía una compensación económica por su vivienda para que se fuera a otro barrio. El criterio y concepto de compensación de la vivienda dejada estaba sólo asociado al espacio físico, es decir, se valuaban las dimensiones, calidad de construcción, etc.

Para el PROMEBA, la "familia" se define en función de las personas vinculadas directamente a la figura de "cabeza de familia", quien a su vez es considerado/a "adjudicatario/a" del "beneficio", y principal interlocutor/a[4].

Las familias se relocalizaban en un "módulo habitacional" construido por el PROMEBA de $27\,m^2$ con un baño y cocina; el cual sería ampliado en 150 casos con otro programa de gobierno[5] en un plazo de dos años. Los "relocalizados" debían optar entre una *ampliación* que consistía en dos pequeñas habitaciones sin revoque, ni terminaciones de pisos, o un cuarto más grande con losa y terminaciones. Estas obras podían durar entre dos a cinco meses cada una.

Para establecer el orden de prioridad de las "familias a ser relocalizadas", representantes de *la cooperativa*, de las "mesas de trabajo", el "equipo de campo" y la municipalidad consideraban: la cantidad total de

---

4 Con investigaciones que proponían un enfoque relacional de los procesos políticos (Massey, 1994; Kuper, 1972; Douglas, 1986; Frederic, 2005) pude analizar cómo desde el PROMEBA se define a los residentes: "vecinos", "beneficiarios", "adjudicatarios", "relocalizados", "delegados" en función de su "participación comunitaria" y adoptar una mirada crítica sobre "los conceptos funcionales al universo de las políticas públicas" y que sólo atienden a uno de los términos de la relación –"pobres", "villeros", "excluidos", "grupos vulnerables"–. Estas "categorías políticas" dan cuenta de las relaciones de poder entre los actores y también de los "procesos mediante los cuales se entablan las luchas que definen esas categorías, y por consiguiente, la expulsión o inclusión de agentes de ellas" (Frederic, 2005: 164-165). Cuestionar esta perspectiva y advertir otros posicionamientos en el espacio barrial me abrió la mirada a otras formas de participación política más allá de las propuestas desde la urbanización oficial y sin la mediación de técnicos, organizaciones barriales o "delegados". El trabajo de campo con niños puso en evidencia que ellos no formaban parte del grupo de "vecinos" a incluir en la definición de "participación comunitaria" tal como era sostenida por las acciones de las políticas de "reordenamiento urbano".

5 Los módulos habitacionales del PROMEBA se ampliaron con el "Subprograma Federal de Urbanización de Villas y Asentamientos Precarios".

habitantes, la cantidad de adolescentes, la presencia de alguna persona con discapacidad y las condiciones de la vivienda anterior.

El "acta acuerdo"

En el momento de la mudanza, el "compromiso" de todas "las familias relocalizadas" con el programa, con *la cooperativa*, con las "mesas de trabajo", con el municipio, y con el "equipo de campo" era dejar la casa inmediatamente para que ésta pudiera ser demolida y así "abrir" las calles. Lo acordado de palabra con todos los "relocalizados", se ratificaba mediante la firma de un "acta acuerdo" por parte del/os futuro/s "adjudicatario/a/s". En la figura del "adjudicatario" recae toda la responsabilidad y los "beneficios" legales del programa; los "adjudicatarios" son los interlocutores oficiales para el programa y son los futuros "propietarios" de la vivienda. A continuación muestro parte del modelo de "acta de relocalización":

"En la ciudad de... entre el Municipio (o quien corresponda)... *representado por el* Intendente (o quien corresponda)... *y el/la vecino del Barrio... Sr/Sra... se suscribe la presente Acta Acuerdo:*

1. *Se llevará a cabo en este Barrio un proyecto financiado por el Programa de Mejoramiento de Barrios de la Subsecretaría de Desarrollo Urbano y Vivienda del Ministerio de Planificación Federal Inversión Pública y Servicios de la Nación que intervendrá y modificará las características urbano-ambientales del barrio y legalizará la tenencia de la tierra.*
2. *Que la relocalización de la familia del lote... es considerado el último recurso siendo imposibles otras alternativas debidamente analizadas y se fundamenta en ...*
3. *Que en ese marco, el vecino Sr/Sra...* (cede, libera, entrega) *la parcela...* (con o sin vivienda) *que ocupa desde... y el* Municipio/Provincia *otorga posesión de la parcela... de... m²* y la vivienda a través del Programa [completar según corresponda] cuyas características técnicas son...

El municipio/provincia se compromete a que:

4. *Las soluciones habitacionales ofrecidas a la familia serán de características equivalentes o superiores a las que poseen actualmente.*
5. *La determinación del futuro predio ha tenido en cuenta la distancia a los lugares de trabajo, las vías de comunicación, el equipamiento comunitario de educación, salud y seguridad e infraestructura mínima.*
6. *La relocalización se realizará una vez que la vivienda esté terminada y conectada a los servicios básicos.*
7. *La relocalización se llevará a cabo en las condiciones definidas en el proyecto.*

8. La operatoria del traslado y consolidación en el terreno futuro se consultará con los vecinos involucrados.

9. La relocalización se implementará como un subproyecto de asistencia e integración de las familias, que forma parte del proyecto ejecutivo y vinculación con la red socio-comunitaria existente.

El vecino se compromete a:

10. Participar en la consulta pública.

11. Relocalizarse con todos los ocupantes actuales de su predio, en total... en el lote propuesto por la Municipalidad.

12. No reintentar ocupar la parcela que cede al proyecto. (...)".

Fuente: [http://www.promeba.gob.ar/documentos.php], noviembre de 2013 (los resaltados corresponden al texto original)

En caso de no cumplirse este "acuerdo", la "mesa de trabajo" junto con el "equipo de campo" y el municipio establecían y aplicaban una sanción o "multa" de dinero que el "adjudicatario" debía pagar en cuotas. El dinero recaudado se destinaba a un "Fondo Solidario" para realizar obras en los barrios, como pintar los juegos de una plaza, destapar las cloacas del barrio San Jorge, etc.

Aun así, había "casos de familias" que no querían "liberar el lote" y "afectaban el avance de las obras" ya fuera porque no se querían mudar de barrio o porque no querían dejar su casa (por las dimensiones, por las obras que le habían hecho, por la ubicación, por afecto). A estos casos, el "equipo de campo", la "mesa de trabajo" y los representantes del municipio los catalogaban de "irregulares" o "casos a resolver" y, a través de diversas notificaciones, mediaciones y reuniones entre los asistentes sociales, abogados o arquitectos del equipo técnico y municipal, se les proponían diversas alternativas como intercambiar su vivienda con "una familia" que no había sido seleccionada por el programa para "relocalizarse" y quería mudarse, o se les ofrecía un monto de dinero por única vez para alquilar o construir en otro barrio, o la entrega de materiales para que construyeran o amplíen en la casa de algún pariente.

Los técnicos; fricciones entre "el pliego" y la práctica

Desde el punto de vista de los técnicos y funcionarios políticos, relocalizar a "las familias" implicaba "el mejoramiento del barrio", implicaba darles la posibilidad a los residentes de "tener la escritura" y una vivienda con condiciones básicas de infraestructura, especialmente teniendo en cuenta el acceso a los servicios y la existencia de un baño y cocina al interior de las viviendas. En este sentido, se justificaban los costos, las incomodidades, las dificultades que tenían que vivir las personas durante el proceso de relocalización, así como la mala calidad de los materiales de construcción –motivo de reiterados "reclamos" por parte de los "beneficiarios" ante el "equipo de campo"– y las dimensiones pequeñas de las viviendas o el ancho de los "pasajes" que, por ejemplo, dificultaban estacionar los autos de los pobladores.

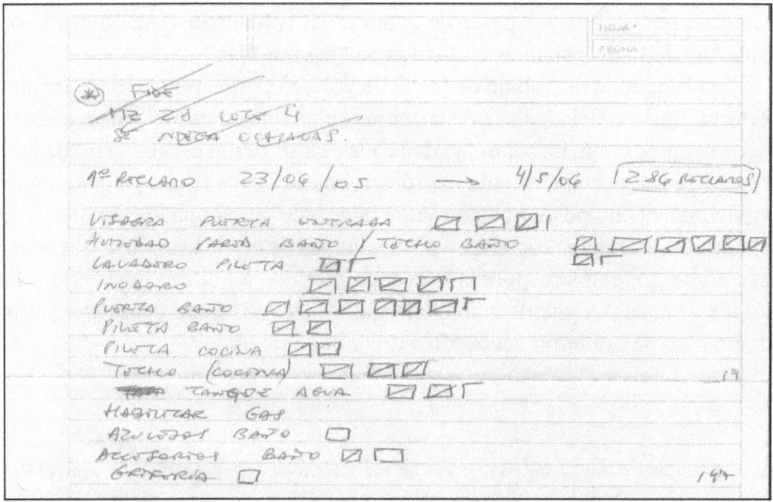

Anotaciones sobre "reclamos" de los "beneficiarios" de las obras realizadas en sus viviendas por el PROMEBA, en mi cuaderno de técnica (4-5-06).

"Pasaje" del barrio La Paz, luego de la "intervención" del PROMEBA en donde se pueden observar las dimensiones de la calle (2007).

En las reuniones del "equipo de campo" se solían discutir estos "problemas sociales y urbanos" y los técnicos intentaban "resolverlos" buscando otros recursos en ONGs o en otras áreas de gobierno o reorganizando el presupuesto de las obras con el fin de optimizar los recursos o suplir dificultades administrativas y burocráticas[6]. Sin embargo, desde las políticas públicas el eje estaba puesto en las obras físicas[7] y el "acompañamiento social" estaba sujeto a estas intervenciones, siendo muy poco lo que los técnicos podían hacer a pesar de conocer las dificultades que implicaban este tipo de intervenciones en la vida de "las familias".

Así la agenda de trabajo de técnicos y funcionarios políticos se organizaba en función del "avance de las obras", del "presupuesto" y de los objetivos del programa. La prioridad dada a la planificación urbana se matizaba, en ocasiones, por una mirada interdisciplinaria de los temas ya que, como mencioné, el equipo de trabajo estaba integrado por abogados, arquitectos, geógrafos, asistentes sociales, y profesionales de otras disciplinas sociales. Sin embargo, estos respondían –respondíamos– en última instancia a la lógica de acción y planificación del espacio urbano oficial pensada a partir de un plan de gobierno adecuado a un "pliego de obra"[8].

---

6   Para pensar esta línea de investigación, me fue útil la lectura de la etnografía de Otaso (2008) quien da cuenta de la ejecución de un programa de gobierno y de las acciones de los diferentes actores involucrados para señalar las relaciones de poder y la agencia de los sujetos detrás de la implementación de las políticas públicas.

7   A modo de ejemplo, en la "matriz de financiamiento" de "inversiones" que figura en la página del PROMEBA se señalan los siguientes montos (en miles de US$) para cada "componente": "Componente 1: Legalización de la tenencia de la tierra": 2.927 (0,66%). "Componente 2: Provisión de infraestructura, equipamiento y saneamiento ambiental": 390.176 (87,68%). "Componente 3: Incremento del capital social y humano": 29.246 (6,57%). "Componente 4: Fortalecimiento de la capacidad de gestión": 11.410 (2,56%). Y "Administración": 11.241 (2,53%). de un total de 445.000 (100%). Los porcentajes son elaboración propia. Fuente: [http://www.promeba.gob.ar/programa.php] (consulta 1-10-14).

8   Los trabajos de Bermúdez (2009), Elorza (2009) y Sanín Santamaría (2008), que evalúan programas de urbanización desde una mirada social, me ayudaron no sólo para repensar el proceso de relocalización "oficial" y ver allí otros sentidos más allá del discurso de "progreso", "inclusión" y "mejoramiento" que subyace a estas intervenciones, sino también para reflexionar sobre qué hacen los sujetos con las transformaciones urbanas oficiales y cómo las viven y las reinterpretan, más allá de los objetivos y expectativas desde la lógica de los programas del Estado. Si bien reconocen algunos aspectos positivos de los programas de transformación y "mejoramiento" de los barrios, también dan cuenta de sus tensiones señalando que la homogeneidad en el diseño de los barrios, instituciones y viviendas desconoce las necesidades habitacionales, modalidades de uso del espacio, identidad y cultura de los pobladores. He también revisado informes de agencias internacionales u organizaciones sociales sobre diferentes experiencias de procesos de "mejoramiento barrial" en donde se relocaliza a parte de la población (United Nations Human Settlements Programme & United Nations Economic and Social Commission for Asia and the Pacific, 2008; UN HABITAT, 2011, 2012). Si bien, éstos también dan cuenta de las contradicciones y los costos sociales que implican estas acciones para las personas, el eje de la participación está puesto en la respuesta a las propuestas de los gobiernos o de diferentes ONGs. Esta perspectiva da cuenta de los procesos de urbanización desde la lógica del modelo hegemónico de ciudad de progreso y plantea un modelo de "desarrollo social" urbano, coincidente con el que postulan las agencias de gobierno, los organismos multilaterales y muchas ONGs que trabajan en el "sector de

Esta postura se ponía de manifiesto en todas las acciones implementadas y, sobre todo, se expresaba en las comunicaciones y boletines oficiales. Por ejemplo, al finalizar el PROMEBA I, a fines de 2007, se realizó un "Taller de Cierre" en el que, entre otros "logros", se mostraron a los vecinos asistentes los resultados de una encuesta realizada por el "equipo de campo" y los "delegados". La introducción decía: "Hicimos una encuesta para consultarle a los vecinos qué opinaban sobre las mejoras que se hicieron en los Barrios Hardoy y La Paz y qué significaban para ellos". Luego presentaba que el 79% de las familias consideró que su situación "cambió" con el programa, marcando que el "impacto" más importante fue el "tener la escritura de los lotes" (62%) y los cambios, en orden de prioridad, como:

1. "mejoró su vivienda";
2. las obras que se hicieron "mejoraron su calidad de vida";
3. "avanzó el barrio";
4. tiene gas;
5. por las obras;
6. va a tener "escritura";
7. "salió de la villa".

Esta encuesta da cuenta de que la mirada de los técnicos y funcionarios políticos no sólo es consecuente con la lógica de planificación racional urbana sino que los "delegados" y "vecinos" consultados –adultos– también responden a ese modelo de ciudad hegemónico que prioriza la "legalidad" de la tierra y las características físicas y de infraestructura de los lugares de residencia.

Por otro lado, los técnicos referenciaban –referenciábamos– *el barrio* dando cuenta de "manzanas y lotes" y "barrios". Esta forma de expresión implica la asociación de las experiencias individuales al mapa geo-político de los barrios, y piensa "la relocalización" en términos de lugar de origen y de destino, en vez de pensarla como un proceso dinámico que involucra una trama de relaciones sociales, aun y a pesar de involucrar en muchas de sus prácticas habituales a las redes sociales de *el barrio*.

También pensaban y hablaban –pensábamos y hablábamos– de los pobladores en tanto "relocalizados" y "no relocalizados". Con los niños pude comprender cómo el proceso de relocalización afectaba de igual manera a ambos grupos –grupos que no se definían como diferentes más allá de la clasificación y perspectiva de la "relocalización" oficial– y cómo su experiencia no sólo estaba dada por la vivencia directa de una determinada acción sino por lo que les habían contado o les habían enseñado, lo que recordaban, o imaginaban, siendo todas estas percepciones e interpretaciones igualmente válidas para dar cuenta del proceso de relocalización.

---

desarrollo social". Estos informes no suelen mostrar prácticas políticas de personas que habitan espacios, sino de grupos categorizados o etiquetados políticamente.

Vivencias de una familia "relocalizada"

Con la historia de la familia de Magalí, intento resaltar cómo la "relocalización" afectó a su familia, y así mostrar cómo las acciones de las políticas públicas se imbrican con las prácticas de la vida cotidiana, impactando en la organización de la vida de las personas y en la dinámica familiar[9].

El concepto de "espacio doméstico" me ayudó a pensar este tema, problematizando la idea de "casa" reducida sólo a una vivienda física. Vogel observa en "la casa" el espacio de la "socialización primaria" (Vogel *et ál.*, 1995:16) donde se desarrolla su dimensión moral y afectiva[10]. "La casa" remite a las reglas de convivencia, a las reuniones familiares, a los espacios y momentos de las comidas, a la jerarquía y autoridad familiar, a la contención y seguridad; en ella los niños y adultos viven su cotidianeidad, crecen y crean recuerdos. De esta manera, en este capítulo pongo en tensión el concepto de "espacio privado" a "intervenir" por las acciones de gobierno.

El intercambio de casa, por la mamá

Magalí tenía 10 años cuando se mudó del barrio San Jorge al Hardoy por iniciativa de su mamá para *estar mejor*. Es la menor de una familia de seis hermanos, los seis nacieron y se criaron en el barrio San Jorge. La historia de su familia y de cómo fueron logrando un lugar para vivir está marcada por el *esfuerzo*, los *intercambios* con mayor o menor conflicto, y las ganas de *progresar*, expectativa puesta, en parte, en la mudanza de un barrio a otro.

Magalí iba a *la 19*, una escuela pública a aproximadamente quince cuadras de su casa, cada tanto participaba de las actividades de *la biblioteca* del barrio Hardoy y tomaba clases de danza árabe en *el SUM* a cuatro cuadras de su casa. Su padre hacía *changas* de albañil, su madre trabajaba como empleada doméstica en casas particulares y en una organización barrial, y dos de sus hermanos en el frigorífico *COCARSA*. La madre valoraba el trabajo de sus hijos en el frigorífico pues consideraba que los alejaba de *la junta* y les *daba un trabajo en blanco* y estabilidad económica.

Gaby, su madre, me contó cómo fue que llegaron a vivir al barrio San Jorge:

---

9   Valentine (1996, 1997, en Holloway y Valentine, 2000: 12) –así como Müller (2010, 2012) y Mason y Tipper (2008) – señala la importancia de considerar la cultura local familiar y la agencia de los niños en la construcción y negociación de las reglas que se establecen en una familia respecto a los riesgos, peligros, y libertades de los niños en relación a su medioambiente.

10   En relación, es útil el concepto de *home* de Rybczynski como un concepto que no sólo designa un "lugar físico" sino también un "estado de ser", de residencia, refugio, de propiedad y de afecto (1991: 71).

"Desde que tenía 13 años estoy en San Jorge viejo[11], en el sector nuevo. Antes vivía en la villa Victoria, en Santa Rosa, atrás del cementerio. Ahí vivieron mis padres. Y a los 13 me mudé con mis tíos, mis tíos me trajeron. Era todo campo, todo campo. Yo tengo 42. Vivía con mis tíos, mis tías, mis primos. Viví con ellos, y a los 16 años lo conocí a mi marido. Él era de San Jorge también. Trabajaba con mi tío. Nos pusimos de novios, me embaracé a los 17, ahí nos fuimos a vivir a la casa de la abuela de él, que era de San Jorge también. Y ahí la tuve a Virginia, la mayor que tiene 25. Después hicimos una casita ahí, en el lugar de la abuela y construimos una casita de canto, así ladrillo de canto con él. Era una piecita, una cocinita. Teníamos un lavarropas, me acuerdo que mi marido compró. Y también vino mi cuñado de Rosario con los hijos. Y después hubo una oportunidad de una compra de una casa. Y me acuerdo que esta señora nos dio a pagar la casa, le dimos el lavarropas como parte de pago y una cierta plata (...). Y después de ahí compramos nuestra casa y ahí empezaron a venir todos los demás: Virginia la de 25, Florencia la de 23, Ricardo el de 22 (...)".

(18-3-09)

En San Jorge vivían en el *barrio nuevo*, a dos cuadras de *el río*, en una casa "*grande y cómoda*", hasta que una noche, mientras todos dormían, "*entró una bala por la ventana*" y Gaby tuvo "*que saltar de la cama y tirarme debajo de la cama. Esconderme, de todo*". No fue una agresión dirigida hacia su familia sino que "*se tirotearon*" en su calle entre los jóvenes que robaban autos. Allí Gaby tomó la decisión de mudarse. "*Fui a verla a Susana* [presidenta de la cooperativa barrial] *y le dije que si había una casita para acá* [barrio Hardoy]. *Había en ese tiempo el intercambio, y me dijo que no, que no había. Y le dije que por favor, que yo quería salir de ahí, que ya no daba más, que casi nos mataron*" (18-3-09).

Para la mamá de Magalí la mudanza no sólo significaba *cruzar del otro lado* de la ruta 202 y vivir en un *barrio más tranquilo* sino una "*mejora*" respecto a su vida social y a la de sus hijos, incluso a pesar de los esfuerzos económicos, físicos y emocionales que implicaba el cambio. "*Ya venían criándose mal. Mala junta, y todo eso. Yo veía que no adelantábamos. Y yo no quería saber nada, mientras ellos decían 'No, mamá, vos estás loca'. Nadie* [quería mudarse], *todos en contra mía*" (18-3-09). A pesar de la oposición familiar, Gaby se anotó en el *listado de casas* que administraba la cooperativa barrial[12]. "*Entre la cooperativa y la municipalidad*" decidían

---

11 Aquí "*San Jorge viejo*" hace referencia al barrio San Jorge, no al *barrio viejo*, dando cuenta de que fue el barrio de residencia anterior.

12 Durante el proceso "formal" de urbanización que se inició, como vimos en el capítulo dos, en la década de 1990, la cooperativa barrial se convirtió en la organización que concentró la información respecto a los solicitantes de viviendas y ofertas disponibles, con el fin de controlar la expansión territorial y de viviendas de la población y evitar el ingreso de personas que *no fueran del barrio*.

qué personas se iban a relocalizar, y consideraban especialmente a *"los que tienen hijos casados, los que estaban en* [un] *lugar donde se iban a poner plazas, los que quieren mejorar"* (17-2-06).

Un día Susana, la presidenta de *la cooperativa*, le informó que había un terreno disponible en el barrio Hardoy para que se mudaran.

> *"Nunca me voy a olvidar. Me dijo 'Mirá. Esta señora no puede cruzar al otro lado porque es sola, tiene hijos, no puede pagar los impuestos. (...) Esa chica te vende la base del terreno. (...) ¿A vos qué te parece?'. Y bueno, pagaré la base. El día de mañana lo levanto, pensé. Pero nunca iba a pensar que* [desde el PROMEBA] *me iban a hacer tirar la base para poder hacer la casa".*
>
> (18-3-09)

Magalí, su madre, su padre y sus cinco hermanos siguieron viviendo en San Jorge mientras pagaban en cuotas los cimientos de su futura casa a una vecina que no podía pagar los impuestos del barrio nuevo en proceso de "legalización".

Las *casitas nuevas* (2007).

Cuando *entró el Promeba*, una de las trabajadoras sociales del municipio le dijo que

> *"'si vos vas a levantar por tus medios, no sé si te entra el gas[13]. Te lo vas a tener que pagar vos'. Y yo estaba entre la espada y la pared, y*

Si bien hubo algunas "intrusiones" y gente que *vendió* y *compró* por fuera de la intermediación de esta organización barrial, en general los habitantes respetaron este acuerdo.

13   Finalmente esto no ocurrió, todas las viviendas del barrio Hardoy –las auto-construidas y los "módulos"– recibieron el servicio de gas. Gaby me dijo al respecto: *"Por eso es la bronca mía,*

estaba entre este cimiento que era grande para la familia que yo tenía que es grande, numerosa. Ahí tuve (...) era como que me estaban arrancando el corazón cuando lo estaban tirando, pero sucedió así ".

(18-3-09)

La familia tuvo que derribar los cimientos construidos para poder recibir una "vivienda social" con gas; es decir, un monoambiente de $27\,m^2$ con conexión a todos los servicios básicos. En San Jorge se contaba con agua corriente, cloacas y electricidad. Por lo que en relación a los servicios básicos la diferencia entre un barrio y el otro era el acceso a la red de gas; lo que implicaba mejorar la forma de cocinar, calentar el agua para higiene diaria, y calefacción. El cambio no sólo implicaba mayor comodidad, sino que beneficiaba la economía familiar, pues el gas de red era más barato que el gas envasado.

La "multa": desacuerdos en la familia

Una vez que el "módulo habitacional" estuvo terminado, Magalí, sus padres y sus hermanos, debían abandonar San Jorge para habitar la *casita nueva*. A pesar de este "acuerdo" con el equipo del PROMEBA, María, la hija de 19 años, no quiso dejar la casa. Luego de dos días de "ocupación" junto a su novio –en la vivienda donde había vivido desde que nació– y de discusión familiar, una trabajadora social del municipio acordó "una mediación": como María no quería mudarse al barrio Hardoy con su familia ni tampoco quería mudarse con la familia de su novio, el municipio le daría a la joven dinero para pagar un alquiler temporario como una forma de persuadirla para que "liberara" la vivienda. Finalmente, al cabo de dos días María dejó su casa, usó el dinero para otro fin y se mudó a la casa de su suegra en el barrio San Jorge. Entonces, la casa fue derribada. Como la madre figuraba como la "adjudicataria" de la nueva vivienda, fue sancionada con una "multa" por *"haberse ido con conflicto"* (28-9-06). María se quedó en la casa familiar de su novio en San Jorge hasta que al año siguiente nació su primer hijo, al tiempo se separó de su pareja y volvió a vivir con sus padres y su pequeño hijo, pero esta vez a la vivienda nueva en el barrio Hardoy.

Gaby me dijo, con enojo, que pensaba que "la multa" debió haber estado dirigida a su hija María y no a ella; sin embargo, María no era considerada un interlocutor válido para el programa, sino sólo en tanto "hija de" o "miembro del núcleo familiar" de Gaby que era la persona "adjudicataria". Cuando le llegó "la multa", María ya había vuelto a vivir con su madre, y *"se enojó, me dijo que no pague nada y hasta me sacó la chequera"*, me contó Gaby (28-9-06). "La chequera" era para pagar las cuotas mensuales y saldar la "multa" –en su caso, de $25 hasta completar el monto

---

porque hoy el que tiene casa que no le hizo el Promeba tiene el privilegio que le entren el gas"
(18-3-09).

total de $325–. Sus dichos no sólo daban cuenta de la "sanción" por parte del PROMEBA, que ella entendía que tenía que saldar para poder *tener la escritura*, sino de su rol como madre en el espacio doméstico; es decir, de cómo "la relocalización" afectaba sus sentimientos y emociones.

Vale observar las diferencias de criterios y opiniones entre los hijos y los padres en relación al barrio. La madre consideraba que San Jorge era *mala junta* para sus hijos, y ese fue uno de los motivos por los que insistió en la mudanza. Ni su esposo ni sus hijos estuvieron de acuerdo con la decisión, al punto que una de sus hijas la resistió "ocupando" por unos días su casa, lo que ocasionó que el PROMEBA sancionara a Gaby con una "multa". Luego de una pelea familiar y una negociación por parte del municipio, María se fue a vivir con su novio y su suegra –es decir, otro cambio de "rutina e historia espacial" (Nespor, 1997) no sólo para Magalí, sus padres y hermanos sino también para el novio y su familia que residían en San Jorge–.

La casita nueva

La familia vivió un año y medio en un monoambiente con las dificultades que se generan siendo cinco adultos y tres niños en una vivienda de $27m^2$: discusiones, incomodidad, falta de privacidad, falta de espacio para guardar sus pertenencias, etc. Gaby me contó que durante esa época uno de sus hijos pasaba más tiempo en *la calle* porque se peleaba mucho con sus hermanos, que una de sus hijas estaba más tiempo en la casa del novio que en su casa, que ella quería colocar el piso de cerámica porque eran tantas personas circulando en tan poco espacio que la casa estaba siempre sucia, que guardaban toda la ropa en bolsas y que sus hijas no encontraban qué ponerse. También me dijo que la casa anterior era más grande, tenía tres cuartos "*grandes*" y una cocina-comedor, comparación que sus hijos le reprochaban constantemente.

A mediados de 2006, *las cooperativas de trabajo* les construyeron *la ampliación* del "módulo básico". Según los criterios que se establecieron en el marco del PROMEBA, la familia de Magalí estuvo entre las primeras quince "con prioridad" para recibir *las ampliaciones* por el grado de "hacinamiento habitacional", sobre todo por la cantidad de adolescentes y jóvenes, siendo Magalí –de diez años– la más pequeña, o, como sostenía Gaby, por ser una "*familia numerosa*" (18-3-09). Los padres optaron por la obra de dos cuartos pequeños, entre las dos únicas opciones posibles.

La convivencia en esta última etapa de construcción, que duró aproximadamente dos meses, resultó aun más difícil por la presencia de los obreros en la vivienda y por la suciedad de la obra. Gaby compró los cerámicos para el piso de uno de estos cuartos sin terminar por "*la higiene (...) porque somos muchos y hay mucho tránsito*", me dijo una vez que la encontré en la calle dirigiéndose a un hipermercado a comprar los materiales y yo me encontraba en una de las "recorridas por el barrio" como técnica. Entonces, le pregunté si estaban contentos con *las ampliaciones* y me dijo que "*sí, era otra cosa*" que estaban más cómodos, que ahora ella y su marido "*tenían su propia pieza*", pero que le había "*quedado chica, que apenas le entraba la cama por la puerta*". Le pregunté entonces si pensaban "ampliar" la casa, y me dijo que "*la de 20 y el de 22 querían hacerse las piezas arriba*", refiriéndose a los hijos mayores (28-9-06). En ese momento, recuerdo haber compartido su alegría, aun sabiendo que a pesar de "la ampliación" la casa seguía siendo pequeña para "la familia". Mi alegría estaba sustentada además por mi mirada como técnica en tanto veía detrás de los esfuerzos de "la relocalización" las "ventajas y beneficios" de tener una vivienda "legal" y entendía que las ampliaciones que las familias pudieran hacer tendrían mayor valor, no sólo en el mercado inmobiliario sino como una "seguridad" ante el fantasma del "desalojo" que, si bien hacía varios años no se implementaba en la zona, aún persistía en el imaginario social. Con el tiempo, la hermana mayor construyó una habitación en el primer piso, los padres ampliaron el living hacia el frente de la casa, y años más tarde se extendieron hacia el fondo del terreno.

Encuentros entre pobladores y técnicos

Una de las veces que "visité" a Gaby como técnica, luego de *la ampliación*, encontré al hijo mayor durmiendo en una cama que aparecía apenas se abría la puerta de entrada de la casa. Recuerdo haberme sentido incómoda por sentir que molestaba al joven, que sabía que trabajaba de noche, y por sentirme invadiendo su privacidad –situación que experimenté en muchas ocasiones en las "visitas" a los "beneficiarios"–. Ese día, el joven se quedó un rato durmiendo hasta que luego, con nuestra conversación a pocos pasos de él, sentadas en la mesa, se fue a seguir descansando en la habitación de sus hermanas. En ese encuentro, recuerdo haberle preguntado a Gaby cómo "se arreglaban" para dormir y me contestó que Magalí compartía la habitación con tres de sus hermanos y su sobrino de dos años, ellos, los padres, dormían en el otro cuarto y uno de sus hijos en la cocina-comedor.

Este intercambio da cuenta de la importancia de considerar a los sujetos en el análisis de los procesos de urbanización. Si bien los programas de gobierno plantean la necesidad de abordajes interdisciplinarios, generalmente, las acciones y puntos de vista responden a una misma lógica de concebir el espacio. En el diálogo con Gaby compartimos sensaciones e interpretaciones sobre "la relocalización" y observaciones sobre las dimensiones de las viviendas –que podrían clasificarse en el marco del PROMEBA como propias del "componente social" y del "componente urbano", respectivamente–, pero mientras mis opiniones y sensaciones estaban sujetas a la lógica del espacio planificado y al modelo de "ciudad legal", las de ella señalaban un espacio vivido por personas, con diferentes intereses y opiniones y así atravesado por emociones.

Mientras ella veía en el cambio de barrio, una oportunidad para alejarse de las situaciones de violencia cotidiana y alejar a sus hijos de *la junta*, yo, desde mi posición de técnica, veía la tranquilidad que podía ofrecer la "tenencia de la tierra". Ambas advertíamos *el esfuerzo* y el costo social (Bartolomé, 1985), pero desde lógicas y roles diferentes.

Aquí resalto nuevamente la importancia de considerar cómo viven las personas las acciones de relocalización, tanto de los pobladores como de los técnicos, para dar cuenta de los procesos de urbanización desde las prácticas de los profesionales como desde las prácticas de la vida cotidiana y desde una mirada que integre no sólo diferentes disciplinas sino perspectivas.

Contradicciones del "mejoramiento", por los chicos

En uno de los encuentros del *Periódico de los Chicos* les propuse a los niños conversar sobre "los cambios a partir del PROMEBA" con el fin de generar un escrito para publicar en una revista que se entregaría en el "Taller de Cierre" del programa a fin de 2007. Participaron de la conversación, que se desarrolló en *la biblioteca*, trece niños y niñas del barrio Hardoy, San Jorge, La Paz y Héroes de Malvinas[14]. Magalí fue una de las que más habló y cuyo relato me sorprendió porque se refirió con claridad a las contradicciones de este tipo de "intervenciones".

> *Andrea — ¿Cómo era antes San Jorge? –pregunté a Magalí[15]–.*
>
> *Magalí — Un desastre –contestó sin dudarlo–.*
>
> *Andrea — ¿Y cómo es ahora Hardoy?*
>
> *Magalí — También para mí sigue siendo un desastre –dijo con cierto enojo–.*
>
> *Andrea — ¿No cambió nada? –pregunté sorprendida–.*
>
> *Magalí — ¿Acá? ¿Este barrio? Para mí es tranquilo este barrio.*
>
> *Andrea — ¿Qué diferencia ves entre el barrio anterior y éste? –pregunté, queriendo indagar sobre los "beneficios" del PROMEBA–.*
>
> *Magalí — Mucha. Acá hay un poquito más de paz que allá.*
>
> *Andrea — Las casas y eso (...) ¿qué diferencia ves entre las casas?*
>
> *Leti — Allá es de dos pisos y acá es de uno solo –contestó Leti que vive en el barrio San Jorge–.*
>
> *Karin — Magalí, ¿no que era mejor vivir en San Jorge que vivir acá? ¿No que era más grande? Antes eran más grandes los terrenos –la interpeló esta otra niña que también vive en el barrio San Jorge–.*
>
> *Andrea — ¿Quién hizo esto posible?*

---

14 Participantes: 9 niños del barrio Hardoy entre 7 y 12 años; 2 niños de 10 y 12 años del barrio Héroes de Malvinas; 2 niñas de 11 y 12 años del barrio San Jorge (*nuevo*), y una niña de 9 años del barrio La Paz.

15 Como la conversación fue grabada e intervinieron varios niños, y muchas veces hablaban en simultáneo, no pude reconocer en la desgrabación posterior quién era el que hablaba en todos los casos, por lo que solo consigno los nombres en los casos en que no tuve dudas.

Karin	— La municipalidad. Porque ellos tienen distintos grupos: los de
	la construcción, los que arreglan las calles, los que barren.
Andrea — ¿Alguien de ustedes vive en el Hardoy hace un montón?
Leti	— El mío se me quemó pero ahora vivo en casa nueva pero en
	San Jorge.
Andrea — Los que viven en casa nueva, ¿qué les gusta y qué no les
	gusta de la casa nueva?
Darío	— El techo, las ventanas –contestó rápidamente–.
Andrea — ¿Qué les gusta?
Dominique— La tele nos gusta –respondió una de las niñas más pequeñas–.
Andrea — ¿Pero de la casa?
Darío	— Pero si no te trae tele la casa nueva –dijo en tono de burla–.
Dominique— Te la comprás –respondió con energía–.
Facundo— El colchón –dijo a secas–.
Darío	— Está pintado muy bien –dijo como siguiendo el orden de una
	lista–.
Andrea — ¿Cuánto tardó en hacerse este barrio?
Facundo— Cien años –dijo con ironía–.
Karin	— Un montón –dijo con cierto enojo–.
Leti	— Tres años más o menos –dijo con certeza–.
Niños	— No, menos. Dos meses. Dos años –especularon entre todos–.
Andrea — ¿Por qué se mudaron?
Darío	— Porque era muy quilombero –respondió haciéndose el gra-
	cioso y generando enojo en los chicos que vivían en San Jorge–.
Karin	— Porque tenía ganas de mudarme –dijo confrontando a Darío,
	considerando que ella vivía en San Jorge–.
Facundo— Porque había mucha caca ahí –dijo en chiste este niño de
	siete años que se mudó al barrio Hardoy–.
Karin	— Porque algunos querían –dijo poniéndose del lado de
	Magalí–.
Facundo— Son todos quilomberos los de San Jorge –continuó con la
	pelea–.
Andrea — ¿Quién decidió que se mudaran? –dije con intención de
	cambiar el tono de confrontación del diálogo–.
Magalí — Nuestros padres. Mi mamá quiso venir acá.
Andrea — ¿Por qué? –pregunté enseguida–.
Magalí — No sé. Porque se agarraban a los tiros. Porque en la esquina
	había una casa –dijo haciendo una pausa entre las diferen-
	tes explicaciones–.
Andrea — ¿Te gusta vivir acá?
Magalí — No, me gusta vivir en San Jorge.
Leti	— Pero el papá no quiere [volver a San Jorge]. A ella le gusta
	pero el papá no quiere –dijo con tono de reclamo–.
Andrea — ¿Sus padres están contentos de vivir acá?

Magalí — Sí.

Andrea — ¿Todos están contentos? ¿Por qué piensan que sus padres (...)?

Magalí — Porque podés quedarte en la calle. (...)

Andrea — ¿Algo lindo de San Jorge? –pregunté para conciliar los ánimos–.

Dominique— Las casas.

Niños — Las calles.

Niños — Porque van a arreglar las calles.

Niños — Están arreglando.

Leti   — Antes cuando estaba la plaza todos estos venían a jugar y ahora dicen que es una mierda –dijo enojada haciendo referencia a cuando la plaza de la entrada de San Jorge tenía los juegos en buen estado–.

Andrea — ¿Ustedes realmente se sienten que viven en barrios distintos o es como si fuera el mismo barrio?

Leti   — Es el mismo barrio –dijo sin dudar–.

Karin — Es lo mismo –confirmó–.

Magalí — Para mí no es lo mismo porque allá están arreglando las calles, pero hay como muchos pozos, pero acá no.

Karin — Es lo mismo las calles, pero no el pozo –dijo con tono conciliador–.

Andrea — ¿Ustedes tienen amigos en un barrio y en otro?

Magalí — Sí.

Facundo— Sí yo tengo un montón en San Jorge –dijo con entusiasmo–.

Darío   — Tengo una banda.

Andrea — ¿Te sentís distinta por vivir en Hardoy?

Magalí — Sí.

Andrea — ¿Por qué?

Magalí — Porque me la pasaba con mis amigas y acá no –dijo con cierta nostalgia–.

Leti   — Acá no tiene muchas amigas, se tiene que ir hasta San Jorge a buscar amigas.

Andrea — ¿A cuántas cuadras está San Jorge? ¿Son cinco cuadras (...)? ¿Es tan complicado caminar cinco cuadras?

Magalí — No, porque están todos los pibes –se quejó–.

Andrea — ¿Las luces de noche?

Magalí — No anda ninguna. Acá [en el barrio nuevo] tampoco. Un día se prenden y otro día se apagan –dijo enojada–.

Andrea — Hablemos de las plazas.

Leti   — Ahí traemos autos robados y qué –dijo Leti en chiste haciendo referencia al desarmadero de autos–.

Darío   — Traemos dice (...) traen. Bajan las armas y le apuntan las gomas y dice “Hay no por favor, no me apuntes” –dijo Darío con voz de nena asustada–.

Andrea — ¿Qué dicen de Hardoy y La Paz? Lo que se les ocurra. Una palabra de Hardoy.

*Gustavo—Hardoy: Amigos, familia. La Paz: feo. Porque no tengo ami-
gos son todos mugrientos. San Jorge: más sucios.*
Dominique— Hardoy: no sé.
*Fabián — Hardoy: son todos lindos y son todos capos. La Paz: son
todos feos.*
Andrea — No se pueden decir cosas feas –enfaticé–.
Niños — La Paz: Hay canchita. San Jorge: son todos sucios.
*Leti   — Hardoy: casitas nuevas. San Jorge: todos piolas. La Paz:
chiquito.*

(Nota de Campo, 1-6-07)

Calle con *pozos*, frente a *la biblioteca* en el barrio Hardoy con el PROMEBA finalizado (7-4-08).

Este registro pone en discusión la relación "nosotros-otros" o "relocali-zados-no relocalizados" y así el sentido de pertenencia barrial; la distinción y estigmatización del "otro no relocalizado" –el que reside en el barrio San Jorge– cuestiona su pasado reciente, sus recuerdos y sus vínculos socia-les vigentes; los lazos afectivos más allá de las fronteras políticas de cada barrio. Los niños ponen en evidencia que los barrios comparten una tempo-ralidad, que los "relocalizados" mantienen redes de interacción con los "no relocalizados", y que el "reordenamiento" y transformación física interfiere en sus rutinas y experiencias cotidianas.

Magalí dice que sus *"padres están contentos de vivir acá porque podés quedarte en la calle"*. Sostiene que San Jorge *"era un desastre. Mi mamá quiso venir acá* [a Hardoy] *porque se agarraban a los tiros"*. *"Allá* [San

Jorge] *están arreglando las calles, pero hay como muchos pozos, pero acá no.* [Hardoy] *para mí sigue siendo un desastre. Acá hay un poquito más de paz que allá"*. Magalí expresa *"No me gusta vivir acá, me gusta vivir en San Jorge. [En San Jorge] me la pasaba con mis amigas y acá no porque están todos los pibes y a la noche no anda ninguna luz"* (1-6-07). En esta conversación Magalí estaba dialogando principalmente con Karin y Leti, dos niñas de su misma edad –11 y 12 años– que viven en San Jorge, y que adoptaron una actitud "defensiva" del barrio San Jorge frente a lo que opinaban los demás niños pues se generó en la conversación un enfrentamiento verbal entre los habitantes del barrio Hardoy, en su mayoría "relocalizados", y los habitantes del barrio San Jorge, "no relocalizados".

Dibujo de Milagros y sus amigas en la plaza (2007).

Rutinas y circuitos movilizados

Al mudarse al barrio Hardoy, el nuevo circuito implicaba para Magalí pasar por *la esquina* en donde se juntaban un grupo de *pibes* con los que sus hermanos mayores tenían *problemas* y le *"decían cosas"* cuando pasaba por allí: uno de sus hermanos varones tenía *"problemas de droga con los pibes de la esquina"*; su hermana de 14 años *no podía ir* a San Jorge porque estaba de novia con un chico que *"tuvo un problema con una piba"* que le costó *"una cuchillada"* en el estómago (12-3-08). Gaby, su madre, tampoco iba con frecuencia a San Jorge porque *"sólo le quedó una prima viviendo allí"* y la *"deprime porque está todo deteriorado"*; a pesar de haber vivido allí desde su adolescencia, sólo va a comprar lavandina de vez en cuando.

"La relocalización" le supuso a Magalí cambiar el recorrido diario para ir al apoyo escolar y para visitar a sus amigas ya que *no podía* pasar por una *esquina de la entrada* del barrio San Jorge (*nuevo*). Pese a vivir a seis cuadras de distancia de donde vivía antes, "la relocalización" le significó alejarse de sus afectos, de su red de amistad, y la necesidad de reconstruir sus "rutinas espaciales" (Nespor, 1997).

Partiendo del concepto de "espacio vivido" de De Certeau (2000), Nespor considera que el espacio es experimentado y en constante reordenamiento por aquellos que lo recorren, y sostiene que para comprender las posiciones de los pobladores hay que considerar no sólo el espacio sino su historia, y así este autor habla de "historias y rutinas espaciales". En este sentido, al referirse Magalí –y los otros niños– al cambio de barrio y cómo éste afectó sus circuitos cotidianos está dando cuenta de sus hábitos espaciales pasados y presentes, del distanciamiento de sus amigas, de las restricciones y disputas territoriales, de "flujos de prácticas que organizan las relaciones sociales" (Nespor, 1997: 195) afectados por la "relocalización". El concepto de Bartolomé (1985) de "costo social" también se asocia a estos cambios ya que implicó en esta niña, y en su familia, un impacto en "el sistema de reciprocidades" y en la "organización del grupo doméstico".

Otros niños también señalaron que "la relocalización" afectó sus prácticas cotidianas. Mientras esperábamos sentados en la puerta de *la biblioteca* a que llegaran otros niños a la reunión del *Periódico* y mientras su hermanito y otros dos niños juntaban saltamontes en el jardín, Felipe, un chico de 10 años, me contó sobre cómo le iba en la nueva escuela –y otros temas que desarrollo en el capítulo siguiente–. Felipe y su familia se mudaron de una casa en el barrio La Paz a una *casita nueva* en el barrio Hardoy, y esto derivó también en un cambio de escuela: "*Antes iba a la 19 y me tenía que tomar un colectivo. Mi mamá me acompañaba hasta la parada. Cuando salía le pedía una moneda a mi hermana que tenía un kiosco enfrente de la escuela, y ella me daba para volver, ahora puedo ir caminando*". Asimismo, me comentó, entonces, que ahora vive más lejos de la casa de su abuela: "*no la veo todos los días* [a su abuela que vive *en el puente*]. *Cuando vivíamos en La Paz estaba más cerca*" (2-3-07).

Karin señaló, en la conversación sobre los "cambios a partir del PROMEBA", que "*Antes* [de que su primo se "relocalizara" a una *casita nueva*] *tenía que hacer dos pasos de mi casa* [para ir a lo del primo que vivía en el mismo barrio San Jorge] *y ahora tengo que venir para acá* [al barrio Hardoy]" (1-6-07). *La ruta* divide al barrio San Jorge de los otros –no así en el caso del barrio La Paz–, y muchos padres no dejan que sus hijos crucen *la ruta* solos por la afluencia y la velocidad del tránsito, pues varias líneas de colectivos pasan por este camino, además de camiones y autos particulares[16].

El impacto en las vidas de los pobladores y la valoración del proceso de relocalización difiere en función de su contexto familiar, prácticas cotidianas, caracteres, posición social dentro de *el barrio*, etc.: a Magalí la alejó de sus amigas y a Karin de su primo; a Felipe también lo alejó de su abuela pero hizo que estuviera más cerca de su escuela y no tuviera que pagar más el colectivo.

---

16   En 2007, un niño que vive en el barrio Hardoy y solía ir a *la biblioteca* fue atropellado por un auto en *la ruta*; pasó varios meses en cama y hoy camina rengueando.

Estos testimonios muestran que si bien "relocalizar" a una familia a cinco o seis cuadras de distancia puede ser considerado geográficamente "cerca" para un programa de gobierno, y así no interferir con la "red socio-comunitaria existente" –como lo indica el punto 9 del "Acta de Relocalización"–, para los residentes puede implicar importantes cambios en sus vidas cotidianas, como el cambio de escuela, tener que pasar por *una esquina* determinada, o el alejamiento de amigos o familiares, sobre todo, en un barrio donde la mayoría de sus pobladores se mueven a pie.

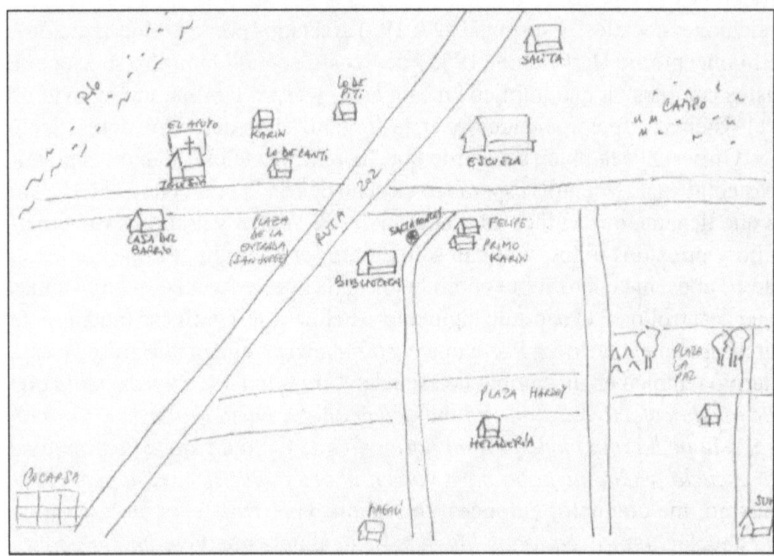

Croquis de referencias espaciales señaladas por los chicos de *el barrio* en 2007.

Los ejemplos aquí expuestos demuestran además que los niños son los más afectados por la "relocalización" pues, a diferencia de los adultos, se mueven en un radio próximo a sus casas ampliando su circuito sólo en vinculación con sus redes sociales y de recursos. Como mencioné en el capítulo uno, los niños de *el barrio* se mueven generalmente solos desde muy chiquitos y establecen sus rutinas espaciales en función de sus afectos y de sus hábitos cotidianos, por ejemplo, cuando *van a comprar* a los negocios vecinos[17].

El mapa oficial municipal no se corresponde con el mapa que los sujetos trazan, es decir, el mapa del PROMEBA señala "lotes" sin considerar la

---

17   En una de las primeras reuniones con los chicos (19-1-07), Karin y su primo propusieron los siguientes lugares para colocar los carteles de convocatoria a la primera reunión "oficial" del *Periódico de los Chicos*: "*en lo de Canti*" (carnicería del barrio San Jorge), "*en la heladería*" (en frente de la plaza del barrio Hardoy), "*en lo de Piti*" (librería del barrio San Jorge), "*en el SUM*" (frente al barrio La Paz), "*en la Casa del Barrio*" (del barrio San Jorge), "*en la iglesia*" (del San Jorge), "*en la biblioteca adentro y afuera*" (barrio Hardoy).

trama de relaciones que configuran los barrios ni los caminos recorridos por los sujetos; los pobladores señalan la importancia del mapa de sus afectos y prácticas cotidianas, mapa que atraviesa los diferentes barrios en los que habitaron y habitan, sin reparar en los límites geopolíticos.

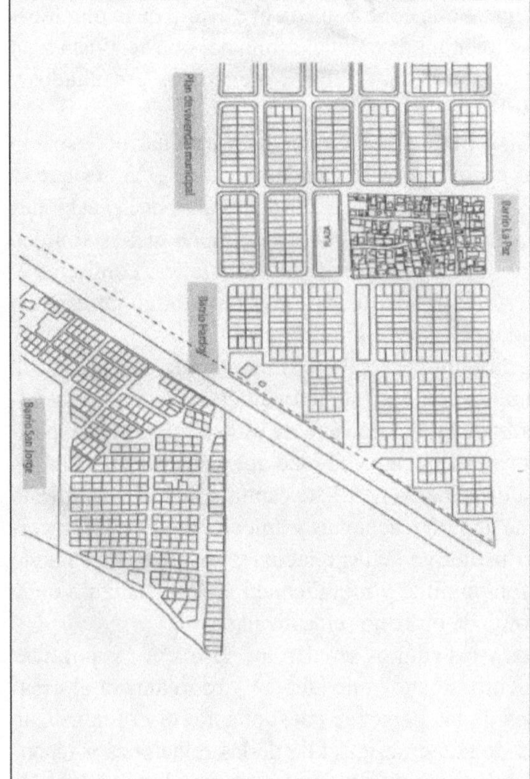

Mapa de la "traza urbana" de San Jorge (izquierda), Hardoy (derecha) y barrios linderos con "lotes" y "manzanas".

Políticas que regulan y desorganizan la vida cotidiana

"La relocalización" como una de las acciones del "Programa de Mejoramiento de Barrios" no sólo implicó el traslado de más de 100 "familias" de un "barrio" a otro, la "seguridad en la tenencia de las tierras", la construcción de viviendas con servicios, o el "esponjamiento" del barrio San Jorge, sino que impactó sobre las redes sociales de *el barrio* y sobre los espacios de interacción, afectando las distancias físicas y sociales, obligando a que los niños y adultos reconfiguraran sus rutinas diarias ante los cambios que –como expuse– no son sólo físicos sino también y principalmente sociales.

Vimos que los lazos de parentesco y de amistad atraviesan las fronteras geopolíticas de los barrios dando cuenta de una historia compartida que configura *el barrio* –como señalé también en los capítulos anteriores–. La forma de experimentar "la relocalización" por parte de los habitantes muestra que el inicio y el final del programa de gobierno se va entrelazando con otros acontecimientos, con historias y geografías personales y colectivas, indicando que no se puede explicar "la relocalización" como una relación de causa y efecto. En este sentido, los pobladores organizan el espacio social de una forma dinámica, que contrasta con el espacio de la planificación urbana racional basado en un diseño determinado, que se ajusta a un proceso lineal, según un "cronograma de obra", "beneficios", resultados y agenda de temas "a tratar".

Mientras el PROMEBA planifica acciones para ordenar el "espacio público" y el "espacio privado", entre "viviendas sociales", "calles que se deben abrir", "familias", o "casos de irregularidades", es decir, acciones colectivas que homogeinizan a los pobladores y suponen una estabilidad espacio-temporal, los habitantes dan cuenta de emociones, conflictos al interior de sus familias, sentimientos de sujetos que habitan un espacio social y una temporalidad en constante movimiento.

A partir de esta historia familiar resalté la importancia de valorar "la relocalización" en función de cómo afecta a los miembros de una "familia", es decir, dando cuenta de que el impacto de estas acciones es experimentado como parte de una dinámica y vitalidad que se centra en los lazos afectivos y emocionales de los habitantes. Este capítulo puso de manifiesto cómo un mismo programa generó reacciones y emociones diversas, incorporó el conflicto como constitutivo de las relaciones sociales enfrentando a integrantes de una misma familia, y modificando las rutinas tanto de la "familia relocalizada" como de otra "no relocalizada".

Vimos cómo los niños y los adultos señalan los costos de las políticas públicas de "reordenamiento urbano" que afectan y reorganizan el espacio doméstico y las vidas de las personas cuestionando el orden urbano que impone el programa de gobierno más allá de las relaciones y vínculos sociales y afectivos. Así, los residentes muestran que los procesos de relocalización son conflictivos y que la implementación de estas políticas públicas desorganiza sus vidas, aun cuando reconocen el valor que tienen los servicios y la infraestructura física. Los técnicos, especialmente los del "equipo de campo" –que son quienes más están en *el barrio*–, no están ajenos a estas tensiones y sus acciones dan cuenta de sentidos y prácticas ambivalentes. Muchas veces, la falta de recursos institucionales acentúa más estas contradicciones, generando en ellos sensaciones de angustia y frustración, que los desgastan emocionalmente. Conocer y reflexionar sobre lo que les sucede a los sujetos involucrados en la implementación de las políticas públicas contribuye a comprender los procesos de urbanización.

Capítulo IV

La planificación de los espacios cotidianos[1]

> *"el arquitecto (...) trabaja en la congelación política de los lugares (...) el relato, al contrario, privilegia, mediante sus historias de interacción, una 'lógica de la ambigüedad'. 'Convierte' la frontera en travesía, y el río en puente".*
>
> (De Certeau, 2000:140)

Introducción

En este capítulo pondré la atención en la planificación de los "espacios públicos" por parte del PROMEBA y en la forma que tienen los pobladores de concebirlos, configurarlos y apropiarse de estos espacios cotidianos en transformación.

Centro la mirada en los lugares que desde el "Programa de Mejoramiento de Barrios" se denominan "espacios verdes y/o recreativos" –*el río*, y las plazas– y también sobre espacios físicos que se encuentran por fuera de los límites de la "intervención" del PROMEBA o que se dejan vacantes para futuros "planes de urbanización", pero que han sido señalados por los pobladores como parte fundamental de la vida en *el barrio –el campo, los campitos o las canchitas–*.

El objetivo de este capítulo es mostrar la complejidad de significados y apropiaciones sobre un mismo espacio, de sentidos alternativos a los hegemónicos y otras formas de vivir el espacio no consideradas desde la perspectiva de las políticas públicas. Para esto muestro los sentidos y las prácticas de niños y adultos sobre los espacios de *el barrio* focalizando en la diversidad de usos, perspectivas de comprensión, prácticas y discursos referidos a los "espacios públicos".

En un primer apartado doy cuenta del punto de vista del PROMEBA sobre la organización de los "espacios públicos", destacando cómo estos espacios son concebidos desde la planificación racional urbanística en tanto lugares "a intervenir", "congelados" (De Certeau, 2000) y definidos por sus características geográficas y físicas. Menciono la lógica de "intervención

---

1　Versiones preliminares de este capítulo fueron presentadas en las *IV Jornadas Vivir en la Ciudad* (Universidad de Rosario, junio 2010), y en las *Terceras Jornadas sobre Etnografía y Procesos Educativos en Argentina* (*CAS-IDES*, UNGS, octubre 2013), y una última versión publicada en el Nº16 de la revista *Argumentos* (Instituto Gino Germani, 2014).

urbanística" concerniente a los "espacios verdes", "la ribera", las plazas y los terrenos "vacíos" o desocupados, cada cual con un lugar en la planificación del barrio determinado. Luego describo, a partir de una actividad desarrollada como técnica en el marco del PROMEBA, cómo los niños mapearon los "espacios verdes" para introducir las diferencias de miradas y formas de organizar el espacio.

En segundo lugar, muestro la perspectiva del PROMEBA respecto de "la ribera" para confrontarla con la perspectiva de los pobladores. Aquí expongo cómo es vivido, recordado y sentido *el río* a partir de diversos encuentros del *Periódico de los Chicos*. Las miradas, relatos e interpretaciones de los niños me permitieron comprender cómo un espacio que desde la perspectiva de los adultos –tanto pobladores como técnicos– era considerado sucio y abandonado, o silenciado, para los niños formaba parte de su mundo cotidiano y también del mundo de los adultos.

Elaboro, en tercera instancia, un apartado sobre los terrenos descampados, considerados "vacíos" desde el punto de vista de las políticas de ordenamiento y *peligrosos* desde la mirada de los adultos, para luego introducir los usos y sentidos cotidianos sobre estos espacios. A partir de un encuentro con un grupo de niños en *una esquina*, expongo cómo los niños juegan, exploran y aprenden en *el campito*, cómo los jóvenes arman *canchitas* en estos espacios, es decir, cómo los pobladores encuentran allí espacios para vivir y transformar.

En último lugar, desarrollo un apartado sobre las plazas, primero desde la lógica del programa de gobierno, para luego mostrar otros sentidos más allá del "ocio" o el "entretenimiento". A partir del diálogo con un niño de 10 años, señalo la centralidad de las vivencias diarias que dan cuenta de la importancia de los lazos sociales. Muestro aquí la tensión entre el concepto de "espacio público" a "reordenar", el de *la esquina* asociado a los conceptos de *junta*, vagancia, droga o peligro, y el de espacio en tanto un lugar para aprender en interacción con otros.

Considerar al espacio urbano como un medio educativo (De Visscher y Bouverne-De Bie, 2008; Vogel *et ál.*, 1995; Nespor, 1997), un lugar para explorar y aprender sobre el mundo, implica mirar los flujos más que los estados y enfocarse en las múltiples intersecciones que modelan las ciudades, las comunidades, las instituciones, las prácticas, etc. En este sentido, Nespor (1997) agrega que hay que considerar no sólo el espacio sino su historia. Pensar en historias espaciales dinámicas me hizo ver en los circuitos cotidianos de los residentes, aspectos que no sólo dan cuenta de las prácticas y las relaciones sociales en *el barrio* en tiempo presente sino también del pasado y el futuro. Esta postura pone de manifiesto que tanto los niños como los adultos experimentan *el barrio* y sus transformaciones urbanas, a pesar de no haber vivido en carne propia los cambios y las "intervenciones" de los procesos urbanos; muestra que los pobladores aprenden los discursos sociales vinculados al modelo de ciudad hegemónico y son hablados también por ellos.

Por otro lado, ha sido importante para mi trabajo, y especialmente para elaborar este capítulo, acceder a los estudios sobre los diferentes espacios cotidianos en los que los niños pasan sus días, poniendo de manifiesto modos de negociar las relaciones de poder entre los niños y los adultos (Den Besten, 2010). Holloway y Valentine (2000) sostienen que los niños configuran su territorio de forma diferente que los adultos, evalúan los lugares según sus afectos, historias personales (Nespor, 1997), espacios de poder; y cuestionan los modelos y estereotipos que los adultos tenemos demasiado arraigados en nuestros discursos. Asimismo, varios estudios sostienen que los niños son más creativos en su forma de habitar el mundo (Milstein *et ál.*, 2011; Guerrero, 2009; Vogel *et ál.*, 1995; Vogel, 2006). Este capítulo va en línea con estos supuestos.

El "reordenamiento" de los "espacios públicos"

Organizando la "traza urbana"

Para el PROMEBA el espacio urbano se divide en "privado" y "público", entendiendo al primero como las viviendas y/o instituciones y al segundo como la infraestructura de las calles, veredas, parques, "espacios verdes" y "recreativos".

Aparte de la construcción de las "viviendas sociales", las obras que implican el "reordenamiento" del "espacio público" son las que tienen mayor visibilidad e impacto en la fisonomía de los barrios. Éstas implican "abrir" calles en donde hay casas, asfaltar los caminos de tierra, construir el cordón cuneta, generar "manzanas" definidas y así "esquinas", ensanchar calles y/o achicar o emparejar veredas, "regularizar" casas que avanzan –con escalones o ambientes– más allá de la "línea municipal". Esta "cuadrícula" se corresponde con un modelo de ciudad occidental planificado en "lotes", "manzanas" y "cuadras" que aspira a tener dimensiones regulares y simétricas.

Estos cambios en la "infraestructura pública" impactan en la estética, el acceso vehicular y la circulación de las personas de *adentro* y *afuera* de los barrios, sobre todo si consideramos que el PROMEBA "interviene" en asentamientos poblacionales en donde estos parámetros de diseño urbano no suelen existir, sino que predomina un trazado irregular, con lotes de dimensiones diferentes, pasillos angostos, y desniveles en los terrenos. El "ordenamiento" del "espacio público" implica para el PROMEBA "regularizar" todas estas formas de urbanización que se consideran como desvíos de la norma y del modelo de urbanización oficial. Desde este punto de vista, los cambios no sólo se justifican desde la estética y el diseño urbano, sino que se vinculan con la provisión de los servicios básicos (agua, cloacas, gas, electricidad) pues los caños de distribución pasan por debajo de las calles y los postes de luz se ubican en la vía pública, y así se busca mejorar la "calidad de vida" y la "salud" de la población. El presupuesto, agenda y avance de las obras del PROMEBA están marcados por estas obras consideradas prioritarias. Estos temas son trabajados y dirigidos desde el ámbito del "inspector de obra" y los arquitectos responsables del "componente urbano", en articulación con los representantes del gobierno municipal y demás técnicos del PROMEBA.

La configuración de los barrios en "lotes", "manzanas", "veredas" y "calles" implica dejar espacios de uso "verdes" y "recreativos" para los pobladores. Los primeros son lugares en donde se concibe la presencia de "forestación": árboles, arbustos, plantas o pasto para uso comunitario en contacto con la naturaleza, y suelen estar asociados al "componente ambiental". Los segundos son las plazas, que cuentan con "equipamiento" como juegos, bancos, mesas, rejas y vegetación diseñados, planificados y legitimados socialmente para "ocio y/o recreación" de la población.

Mapa de "espacios verdes" del barrio San Jorge utilizado por técnicos del PROMEBA II (2009).

Mapeando espacios habitados

En octubre de 2009, en el marco de las actividades del PROMEBA II, realicé junto a las "consultoras social y ambiental", como parte de los "talleres con la comunidad", una serie de actividades con los niños que asistían a un apoyo escolar en el barrio San Jorge. Les propusimos a estos pobladores, que tenían entre diez y quince años, ubicar en un mapa las fotos de las instituciones barriales, señalar sus casas, colorear en amarillo "la basura", en rojo "las calles peligrosas" y en verde "los espacios verdes", en línea con los temas que solían preocuparnos en las reuniones de equipo. También les propusimos que mencionaran otros sitios que consideraban importantes; y así anotaron sus nombres sobre sus casas, marcaron los *autos*, *el campo*, *el río* y *COCARSA*.

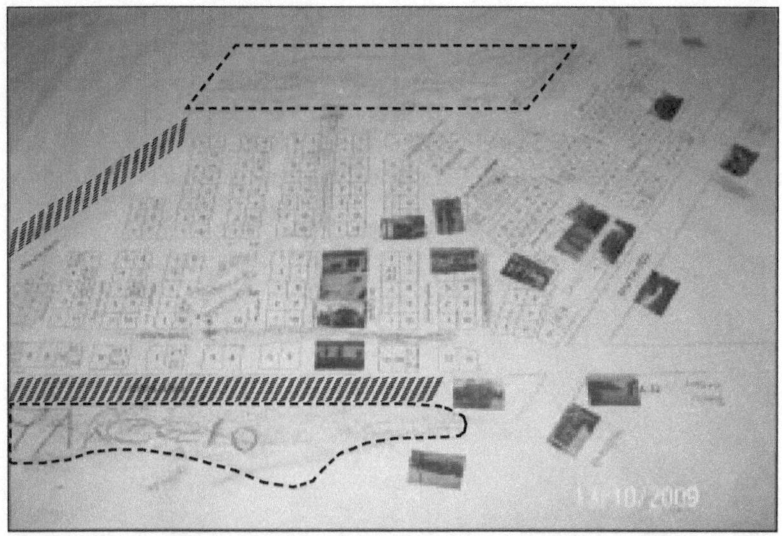

Mapa elaborado por niños entre 10 y 13 años del apoyo. *Río y autos* (líneas diagonales). *Campo* (recuadro y demarcación). *COCARSA* (margen inferior) (13-10-09).

Reflexionar sobre este encuentro me permitió advertir cómo orientamos la reflexión en función de la perspectiva de planificación y concepción del espacio del PROMEBA, y así propusimos, por ejemplo, categorías como "espacios verdes" o las "plazas". Es decir, tanto las consignas como sus respuestas fueron miradas y encasilladas en línea con la "participación" orientada a "resolver" los problemas emergentes. Sus voces fueron incorporadas ajustándose a la lógica de concepción de un "barrio", con límites físicos y geográficos delimitados, que se debe "mejorar" y acercarse al modelo de ciudad racional.

Aun así, la actividad permite mostrar una perspectiva diferente en comparación con la perspectiva del PROMEBA. Frente a la consigna de "espacios peligrosos", los niños señalaron dos calles del *barrio nuevo* –una de ellas coincide con la calle de *los pibes de la esquina* que mencionó Magalí en el capítulo anterior como un lugar por el que *no puede pasar–*. Vale destacar que no asociaron ni *el río* ni los *campos* a espacios de potencial *peligro* o de "riesgo sanitario" –como veremos, en los próximos apartados, que marcan los adultos–.

Por otro lado, como "espacios verdes" los niños señalaron zonas más amplias. Por ejemplo, no sólo marcaron la "plaza Pitágoras" (o *plaza de la entrada, del barrio nuevo*) sino que también incluyeron a toda una zona ubicada detrás del *zanjón* en donde existen tres diferentes *canchitas* de fútbol armadas por los pobladores, y donde los niños y jóvenes van a jugar o llevan a pastar caballos, y que un grupo de *pibes* acondicionó, con carreteles y maderas de descarte encontrados en *la quema,* como espacio de encuentro. Estos espacios de uso cotidiano por niños y adultos se encuentran en una zona de no "intervención" por parte del PROMEBA porque se localizan debajo de una línea de transformadores eléctricos. Por este motivo el gobierno no puede legitimar ni "consolidar" ninguna estructura sólida allí porque se considera de "riesgo ambiental" para la población; a pesar de conocer el uso diario que le da parte de la comunidad a esta zona o la colaboración "social" de algunos técnicos en algunas actividades desarrolladas allí.

Niños llevando a pastar a un caballo en una de *las canchitas* o *campito* bajo la línea de transformadores (18-1-10).

El campo. Al fondo derecha *Fenoblock* (18-1-10).

Asimismo, los niños marcaron como "espacio verde" la *plaza de Santulario (o plaza del barrio viejo)* pero también incluyeron el extenso terreno descampado que se encuentra detrás de la plaza, por fuera de los límites del barrio San Jorge, y pertenece a la cementera *Fenoblock*; este espacio fue referenciado entonces como *campo*.

La tercera zona que señalaron los chicos como "espacio verde" se podría adjudicar a la "plaza del centro", diseñada y cuidada por unos "vecinos frentistas" –no "intervenida" por el PROMEBA por falta de presupuesto–, aunque no coincide geográficamente con las calles en donde se ubica esta plaza. También se podría asociar su señalamiento con unos pastizales que se forman en algunas calles de tierra en la zona del "medio" del barrio.

Plaza del centro (18-1-10).

"Pastizales" en barrio San Jorge (18-1-10).

En cuarto lugar, marcaron del *otro lado de la ruta*, al lado de *la salita*, *un campito*, utilizado por un grupo de niños y jóvenes como una *canchita*. En términos del PROMEBA, esta zona no pertenece al barrio San Jorge, pues *la ruta* se constituye en uno de los límites de este barrio, ni tampoco es considerada "espacio verde". Como veremos en el apartado referido a los terrenos "vacantes", el PROMEBA construiría al año siguiente en esta zona un "plan de viviendas sociales" y así avanzaría sobre *la canchita* utilizada por los jóvenes del barrio San Jorge.

Es decir, mientras el PROMEBA define a los "espacios verdes" según la "intervención de las obras" a realizar y concibiendo un espacio físico, delimitado geográfica y políticamente según la planificación urbana oficial, los niños –y adultos– dan cuenta de espacios definidos por las prácticas diarias de sus habitantes.

En este mismo sentido, los niños marcan al frigorífico *COCARSA* como importante en sus vidas, mientras para el PROMEBA no entra ni en los planes urbanos, ni en las actividades de ninguno de los componentes de "implementación" ya que se encuentra en "propiedad privada" y por fuera de los límites geográficos de los barrios, a pesar de que –como vimos en el capítulo dos– tiene y tuvo una fuerte influencia en la vida de los mismos.

La costa de *el río*

La ribera

"La ribera" es uno de los sectores considerado como "espacio verde" para el PROMEBA. Para acceder a él hay que *entrar al barrio* San Jorge y atravesar varias cuadras, unos quinientos metros de distancia. La costa de *el río* –o también conocida como *el fondo* del barrio San Jorge– es poco transitada ya que no hay organizaciones barriales, ni plazas, ni instituciones públicas por esa zona, tampoco es un lugar de paso pues no hay viviendas del otro lado *del río* ni tampoco un puente para cruzar; el acceso al otro lado es posible a través de los terrenos privados lindantes.

El río es un brazo aliviador de las crecidas y lluvias del viejo cauce del río Reconquista. A partir de las obras de construcción del Canal de Dirección Provincial de Hidráulica –en el año 2006– se dejó sin conexión directa el curso del río Reconquista con *el río* del barrio. Esta "rectificación" hidráulica tuvo el objetivo de aliviar las frecuentes inundaciones producto del desborde del río que afectaban no sólo a San Jorge sino a todos los demás barrios costeros del distrito. En este sentido, *el río* es un espacio que remite a los orígenes del barrio y a su localización en tierras inundables, contaminadas y periféricas de los "bañados del Río Las Conchas", y señalado por algunos pobladores –sobre todo por los de mayor edad– en vinculación con *las inundaciones*.

A la altura del barrio San Jorge, *el río* divide el territorio del partido de Tigre y de San Fernando, dos de los dieciocho municipios de la "Región Metropolitana de Buenos Aires" que comparten su recorrido. *El río* tiene agua contaminada que proviene principalmente de los residuos industriales de toda la cuenca y también de la basura y los desagües cloacales a nivel local: concentra botellas de plástico, partes de autos, juguetes rotos, hierros oxidados, autos que acumulan agua estancada, ratas, perros y chanchos que husmean la basura, algún animal muerto, bolsas y un montón de otros "residuos" que hacen que la costa sea un "basural", que sus aguas no drenen y que *el río* sea un "riesgo sanitario" tanto para la transmisión de enfermedades como un espacio *peligroso* para posibles accidentes. En este sentido, *el río* es una de las mayores preocupaciones de técnicos, funcionarios de gobierno y muchos habitantes –tanto niños como adultos– del barrio San Jorge en materia "ambiental".

El río (29-9-09).

La basura domiciliaria que arrojan los vecinos desde hace años, la contaminación de las industrias vecinas, eventuales camiones clandestinos que arrojan desechos en la zona lindera –en lo que se conoce como *la quema*–, la falta de recolección por parte del Estado, colaboran con la idea compartida y naturalizada por residentes y técnicos de que es un lugar abandonado, en el que *poco se puede hacer*.

Desde las actividades realizadas por el PROMEBA, especialmente las dirigidas por los "consultores ambientales y sociales", se promueven "talleres y campañas ambientales" –de las que he participado–. Los "talleres" son concebidos como:

> *"una herramienta de participación comunitaria, constituyen* una actividad educativa que se realiza con grupos de base, *cuya finalidad es que la comunidad tome conciencia respecto de una determinada situación ambiental, se sensibilice y procure vencer actitudes desaprensivas o de indiferencia, bajo el criterio de* 'comprender para resolver' *(...) la participación de la comunidad deberá estar orientada, especialmente, a disminuir o eliminar toda situación de riesgo ambiental existente, sea este derivado de precaria situación sanitaria, de inadecuada localización o de actividades incompatibles con la urbanización (...)".*

(PROMEBA, 2004b: 3 y 11 –el destacado corresponde al texto original–)

Según la lógica del PROMEBA, mientras *el río* sea un "basural" –en vez de un "espacio verde"–, este espacio se concibe como "incompatible con la urbanización", y se constituye en una situación "a resolver" o a "intervenir" urbanísticamente.

Así el equipo de técnicos y "delegados" han elaborado, por ejemplo, carteles o folletos para promover que "los vecinos" tiren la basura en los cestos y volquetes, o han solicitado al encargado de "espacios verdes" del municipio la colocación de más volquetes, la presencia de barrenderos o reclamado la falta del servicio de recolección de residuos; todas acciones que regulan y ordenan "la ribera" según la perspectiva del programa de gobierno.

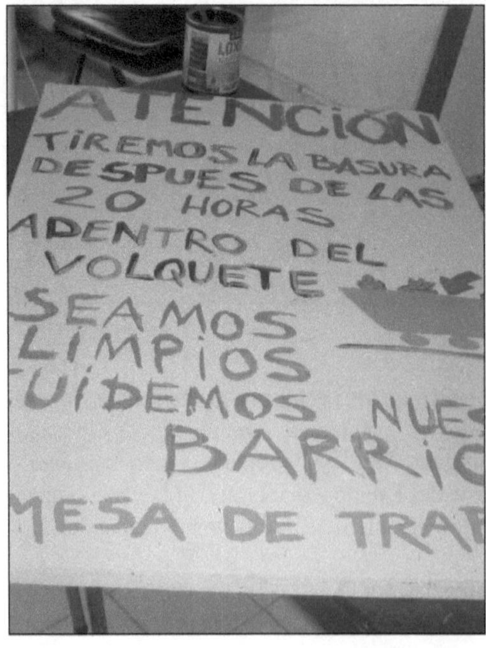

Cartel elaborado por la "mesa de trabajo" y el "equipo de campo" del PROMEBA II (11-1-10).

Los pobladores que no participan de la "mesa de trabajo" también seña-lan la necesidad de limpiar el "basural" del *río* y de generar "conciencia" al respecto. En una de las "recorridas" con el fin de realizar un "diagnóstico ambiental" que realicé como parte de las actividades del PROMEBA II, recuerdo que una señora del *barrio viejo* mencionó la necesidad de *"hablar con los vecinos"* respecto al estado del *río* y me dijo que los niños *"tiran las bolsas mandados por sus padres"* (7-1-10) señalando que los niños siguen las órdenes de sus padres e infiriendo una posición de pasividad e inocencia.

Como veremos más adelante, la idea de limpieza del *río* está presente también en los niños, pero dando cuenta de los significados, valores y experiencias cotidianas de los sujetos en este espacio, es decir, los niños muestran que *el río* es vivido mientras el PROMEBA y los adultos señalan que allí *no se hace nada*.

El río desarmadero

El *río* es también la zona en donde *los pibes del desarmadero*, un grupo de jóvenes varones que viven en *el barrio*, llevan autos robados, los desar-man, les retiran las partes para venderlas y luego los queman. Esta práctica ilegal ya lleva varios años de existencia en el barrio; es una práctica vista y conocida por todos los pobladores y por quienes "trabajan" en *el barrio*, pero silenciada.

Autos quemados en *el río* (27-9-10).

En mis "recorridos" como técnica, una señora residente en el *barrio nuevo* me dijo refiriéndose a los *pibes del desarmadero* que es mejor "*no meterse*" porque después "*te vienen a apretar*" y "*uno vive en el barrio*" (Karina, 4-10-10); postura que me confirmó en otro momento un vecino al decirme que "*nadie quiere marcarlos*" (7-3-06) y que representa al sentido común compartido.

El gobierno municipal aduce que como los autos se tratan de "pruebas" vinculadas a delitos no pueden actuar sin la intervención del Poder Judicial, dando cuenta de que las acciones en "la zona" implican un proceso lento, burocrático y de difícil articulación, y limitándose a acciones aisladas de "limpieza" o "dragado" eventuales o a "campañas de concientización", muchas de éstas gestionadas a través del equipo técnico del PROMEBA.

En un encuentro del *Periódico de los Chicos* (18-5-07), les propuse a los niños elegir un tema para hacer una "nota de opinión". Les expliqué que este tipo de producción implicaba que ellos "dijeran lo que sabían y lo que pensaban" sobre un determinado tema de *el barrio*. De esta reunión participaron quince niños, de entre 9 y 14 años.

Mientras los niños proponían los temas en una suerte de "ping pong", yo los anotaba en un cuaderno[2]. Como mi idea era que los niños hablaran sobre "lo que sabían del barrio" y no que "buscaran información" como solían hacer en *la escuela*, insistí en el concepto de "nota de opinión".

Maxi, que tenía 12 años y vivía en Hardoy en una *casita nueva*, había dicho: "*tapar el río contaminado*". Como mi explicación respecto del concepto de "nota de opinión" fue inmediatamente después de su propuesta, los niños empezaron a "opinar" sobre las formas posibles de "*tapar el río*". Maxi explicó que: "*Cuando abren la compuerta se llena de pescados y de peces*", dando cuenta de que alguien –supuse que se refería al municipio– dispone de este poder de acción. Me sorprendí primero por su alusión a *los peces* pues no sólo que nunca los había visto en *el río* sino que tampoco los imaginaba ver en un espacio totalmente contaminado. Y en segundo lugar, me llamó la atención la versión de las *compuertas* pues sabía que en este tramo de *el río*, luego de la "rectificación" del río Reconquista, este sector sólo había quedado reducido a "aliviar" las lluvias o a "desaguar" las cloacas del barrio, por consiguiente no tenía conexión alguna con el afluente. Aun así, ninguno de los chicos cuestionó ni objetó sus dichos. Mi sorpresa ante lo que yo consideraba "falta de información" o "información incorrecta" se convirtió entonces en curiosidad y enseguida pregunté en tono de ingenuidad "¿Tiene mucha agua contaminada?", con el fin de provocar que la conversación se concentrara en *el río*. Luego, un niño dijo: "*En el año*

---

2   "*Cómo se construye una escuela*", "*cómo se divierte la gente*", "*cómo se construyó la biblioteca*", "*los mosquitos*", "*los chanchos*", "*las vacas de COCARSA*", "*los caballos sueltos que se escapan y que dejan pastando en la placita*", "*las mascotas*", "*los pobres*", "*ayudar a las personas: a los pobres y ancianos*", "*cómo cuidar la ciudad*", y "*tapar el río contaminado*" (18-5-07).

2000 empezaron a traer autos y se llenó de autos". Allí los niños empezaron a decir frases sueltas, mientras yo las anotaba en mi cuaderno bajo el rótulo de "río Reconquista". Cuando faltaba poco para terminar la reunión y algunos niños ya se estaban yendo, les leí a los presentes las frases y les dimos juntos un orden. Recuerdo que los niños mencionaron a *los pibes* pero yo no anoté nada al respecto. Esta producción colectiva –que incluyó los propios filtros de quien tomaba nota– fue la "nota de opinión" que publicamos en el segundo *Periódico de los Chicos*. Vale mencionar que si bien sólo estos quince niños consensuaron esta primera versión de la "nota de opinión", los demás niños que participaron de las siguientes reuniones del *Periódico* acordaron su publicación en los encuentros posteriores:

> *"El río desarmadero de autos"*
> *"El río tiene mucha agua contaminada,*
> *está lleno de autos desarmados.*
> *No es seguro nadar en el río.*
> *El agua no es transparente,*
> *es de color negro y verde.*
> *A pesar de estar contaminado,*
> *hay tortugas, peces, patos y garzas.*
> *Sería bueno no tirar basura,*
> *y que no se tiren coches.*
> *¡No coman los peces que pescan*
> *los vecinos porque se van a contaminar!"*.

(Periódico de los Chicos N° 2, abril-mayo de 2007)

Lo primero que me llamó la atención fue que hablaron con soltura del *desarmadero* de autos, tema que solía ser ocultado o silenciado por los adultos. Con la elección del título, los niños le otorgaron prioridad a este tema. Entre los adjetivos que surgieron para titular este escrito y calificar al *río*, estuvieron: *"peligroso"*, *"mugroso"*, *"más sucio"*, *"infectado"*, *"macumbero"*, *"moribundo"*, y *"oloroso"*. Todos atributos referidos a la suciedad y que dan cuenta de una carga valorativa y moralizante, de una práctica que transgrede la norma, de un aprendizaje y de sentidos compartidos con otros habitantes del *barrio*[3]. Finalmente, eligieron *"El río desarmadero de autos"*, es decir, un título que describe una práctica en un

---

3   Aquí es interesante mencionar a Vogel, quien desarrolló un trabajo etnográfico para conocer cómo viven los niños la ciudad de Rio de Janeiro (1995). En este estudio sostiene que los niños desarrollan el ejercicio constante de los patrones de higiene que les impone la cultura. "Limpio y sucio son, por tanto, categorías que focalizan y solicitan con mucha insistencia la atención de los niños, que son instados a reflexionar sobre ellas a cada paso (...). Todo lo que ostenta un atributo de liminaridad, lo que está al margen (...) define una transgresión del sistema de ideas. Ese 'desorden es peligroso, indeseable'. Por eso se encuentra siempre 'del otro lado'. Los sucios son los otros. La frontera entre lo limpio y lo sucio pasa entre lo nuestro y lo del otro. Pasa también entre lo de adentro y lo de afuera. Entre la casa y la calle" (Vogel *et ál.*, 1995: 46 y 54).

espacio. Con esta referencia, los niños remiten a un tema ambiental –"espacio verde" contaminado–, pero no desconocen la problemática social que atraviesa este espacio al hacer referencia al robo y desarme de autos como una práctica de violencia cotidiana conocida por niños y adultos.

Los niños optaron por hablar sin rodeos de este tema que *todo el barrio* conoce y ve, pero que suele estar silenciado. El silencio de los adultos de *adentro y afuera del barrio* expone cómo operan y se reproducen los mecanismos de estigmatización. *El desarmadero* es una de las prácticas que "ensucian" y estigmatizan *al barrio*.

El desarmadero forma parte de la cotidianeidad del barrio, los niños –y adultos– conocen y tienen interpretaciones al respecto, saben quiénes participan de este tipo de actividades, conocen los lugares que se utilizan para *entrar* los autos, desarmar las auto-partes, quemar y tirar los restos, saben que a veces la policía interviene y puede haber *un tiroteo*, algunos de sus vecinos y/o parientes forman parte de la cadena de recursos humanos que intervienen en el proceso de robo y desarmado de los autos y venta de partes, empresa que involucra tanto a *gente del barrio* como de *afuera*. Es decir, los niños hablan de estas prácticas cotidianas porque no sólo las conocen sino que las sienten y las viven de cerca.

Lo segundo que me sorprendió –además de hablar abiertamente del *desarmadero*– fue que mencionaran la posibilidad de que alguien *nadara* o *pescara,* o que dijeran que había *tortugas, peces, patos y garzas* en *el río* cuando yo sólo veía "aguas residuales" o contaminadas. Nuevamente que los niños pudieran describir, por ejemplo, los colores de *el río* en relación a lo que la gente hizo, hace o podría hacer, daba cuenta de un espacio practicado, cotidiano, que conocían y que ampliaba la concepción de "basural" o un lugar de "riesgo sanitario".

En este sentido, el río también era un espacio de juego; varias veces vi a niños –y adultos– arrojar piedras o algún objeto midiendo cuán lejos de la orilla llegaban, o apuntando con una gomera a determinado objetivo, o jugando "al patito"[4]. También vi a niños jugar a las escondidas entre los autos abandonados. Recuerdo que en esas ocasiones, acostumbrada a pensar desde la lógica "urbano-ambiental" predominante, solía preocuparme por los "peligros" que implicaban esas situaciones: el óxido de los autos, el agua estancada, la posibilidad de que se cayeran.

Como ya mencioné, la mayor parte de mis interlocutores adultos cuando hacían referencia *al río* señalaban, sobre todo, el estado de deterioro ambiental de esta zona en tono de denuncia, reclamo o incluso resignación, dando cuenta de un espacio abandonado, ausente de vida y por el cual había mucho que "resolver". Los niños, en cambio, expresaban la vitalidad de este espa-

---

4   Juego que consiste en arrojar una piedra, preferentemente chata y lisa, de forma que rebote varias veces en la superficie del agua antes de que se hunda.

cio, señalando que *el río* es un espacio importante, tanto para los niños como para los adultos, y que cuando tienen la oportunidad, hablan sobre ello[5].

Familia a orillas de *el río*. Año 1999-2000 aprox. Fuente: Archivo IIED-AL.

En la primera reunión del *Periódico*, seis niños y una niña, de entre 5 y 10 años, estábamos conversando sobre las "noticias" posibles para publicar, y los chicos comenzaron a hablar sobre *un robo* que había ocurrido en *el barrio* y sobre el encuentro entre la policía y los ladrones *"en la esquina de Guille"*, un niño que no estaba presente pero que todos conocíamos porque participaba de los encuentros. Como habíamos estado hablando sobre las "secciones" que existían en los diarios nacionales –que yo había

---

5   Durante el año 2010, el gobierno del municipio de San Fernando realizó una experiencia "piloto" orientada a promover la "participación" de jóvenes en el marco del PROMEBA II; ésta se llamó "Promeba Joven". En este contexto, un grupo de niños llamado "Los San Jorgitos" escribió un cuento titulado "Mambo y la contaminación del río Reconquista". La historia tiene como protagonista a Mambo, un hombre que vivía *"del otro lado del río"*; habla sobre la *"contaminación"* de *el río* y sobre la impotencia de los pobladores, a pesar de los intentos fallidos por recuperarlo. También da cuenta de *el río* como un espacio vivido, imaginado y recordado por sujetos: *"tenía agua clara, no contaminada, había peces de colores y tortugas de agua. A la gente le gustaba mucho pasar las tardes ahí, nadaban y tomaban mate en la orilla; los chicos jugaban rodando en el pasto y otros pescaban sin parar"* (en Sierra *et ál.*, 2010: 168). Esta experiencia fue reconocida oficialmente desde la secretaría de Cultura, Juventud y Reordenamiento Urbano del entonces gobierno municipal; el cuento ganó el primer premio del "Concurso Literario Juvenil: Historias a la Orilla del Río 2010", fue publicado y tuvo un espacio de visibilidad en la Feria del Libro. Aun así, estos relatos no tuvieron injerencia en la toma de decisiones formales, no se incorporaron como información relevante, ni se articularon de ninguna manera en el avance y seguimiento del programa de urbanización oficial, desestimando su aporte a la construcción del espacio urbano.

llevado– les dije que esa "noticia" podría "entrar en policiales", pero enseguida los estimulé para que pensaran "otras cosas que pasan en *el barrio*, cosas lindas también". Entonces Felipe contó que hubo "*un festival una vez y que jugaron al fútbol*". Los chicos ya no parecían tan interesados por este tipo de "noticias lindas", y algunos ya se habían apartado de la mesa y sacaron de los estantes de *la biblioteca* un juego de damas, el de ajedrez, y unas maderitas para armar. Entonces, para estimularlos les pregunté "¿Qué noticia del barrio podría ir en espectáculos?". No se les ocurrió nada. Insistí: "Algo artístico, alguien que cante, que baile (…)". Julia dijo: "*Emborracharse*", y más tarde: "*Chacarera*". "¿En *el barrio*?", pregunté sorprendida, y me explicó que un pariente suyo "baila". En eso, Felipe que había estado pensando dijo: "*Seño, sabés que un día yo fui a pescar por ahí con mi papá y se me cayó la zapatilla. Después mi papá agarró la caña y pescó mi zapatilla*", me dijo señalando en dirección *al río* y como contándome una aventura. Le sonreí, y luego, sin que yo encontrara la relación entre un tema y el otro, siguió "*Seño, ¿qué vas a ser cuando seas grande?*". "Yo ya soy grande", le dije divertida con su pregunta. En eso llegó otra niña a la reunión y la conversación se interrumpió (3-2-07).

En ese encuentro con los niños –uno de los primeros en mi trabajo de campo–, no advertí la importancia de *el río* para Felipe, no me detuve en el significado de la experiencia vivida por este niño con su padre en ese espacio, que para mí estaba reducido a una perspectiva "ambiental". Luego, a partir de otros encuentros con Felipe, supe que este niño prácticamente no veía ni tenía contacto alguno con su padre, que éste había formado "*otra familia*", y lo veía ocasionalmente cuando por su trabajo "*en la municipalidad, con los cables*" (2-3-07) visitaba *el barrio*. Por lo que esa experiencia de haber pescado una zapatilla significaba mucho más que una anécdota divertida.

Asimismo, advertí mi incomodidad ante "las noticias policiales", lo que se podría adjudicar a que no quería que los niños pensaran en "lo malo", sino "en cosas lindas" dando cuenta de una posición adultocéntrica (Holloway y Valentine, 2000) –de protección– y de una forma de concebir a la infancia –inocente–. Pero también advertí que esa incomodidad no sólo daba cuenta de mi rol de adulta, sino además de mi posición en *el barrio* como técnica, y de mis propios sentimientos y emociones. Hacer explícitos estos temas de violencia cotidiana, a los cuales yo también estaba expuesta por "trabajar en el barrio", remitía a sentidos asociados a los "paisajes del miedo en la ciudad" (Segura, 2009). Por un lado, ponía de manifiesto experiencias compartidas, pero por otro mostraba la distancia y la asimetría entre los habitantes y los técnicos haciéndome reflexionar sobre las diferencias en cuanto a la percepción y vivencias de estos acontecimientos.

Reflexionar sobre este encuentro y sobre la referencia *al río* me permitió comprender el sentido del espacio atendiendo a las emociones –de los chicos y las propias– y a los afectos, como se sostiene desde la "geografía de las emociones" (Den Besten, 2010). Al mismo tiempo, puso en evidencia cómo las experiencias espaciales organizan la percepción y los sentidos sobre *el barrio*. También me permitió advertir cómo el valor de una frase puede ser ignorado al no analizarlo desde la perspectiva del "otro".

La perspectiva de los pobladores –diversa, compleja– muestra una integralidad que excede categorías y clasificaciones estáticas tales como "espacio público" o "verde". *El río* es un espacio contradictorio, que moviliza a niños y adultos; ya sea por *el desarmadero*, por la contaminación, por las inundaciones que marcaron el origen del barrio San Jorge y gran parte de su historia, por el abandono que refleja, porque se asocia con un momento vivido con un ser querido, o por la posibilidad de volver a ver allí *"peces de colores, tortugas de agua y garzas"*. *El río* es mucho más que un "espacio verde", es un espacio que concentra múltiples sentidos que los niños hacen explícitos. El *río desarmadero* denuncia un problema ambiental a nivel físico y territorial (a nivel barrial, municipal, y regional), denuncia la falta de intervención visible del Estado, habla sobre los muchos actores que participan de ese espacio (Estado, industrias, habitantes, técnicos), se expresa sobre el control territorial por parte de un grupo de jóvenes, sobre la aparente ausencia del Estado, mapea las asimetrías socio-económicas que hacen de las actividades delictivas una fuente laboral para *los pibes del barrio*[6]. Con los chicos pude comprender que para entender cómo los residentes viven los procesos de urbanización se deben conocer todas estas diferentes vivencias en el espacio barrial.

Asimismo, esta trama de significaciones se debe analizar atendiendo al contexto histórico y en constante movimiento, no sólo respecto de los aspectos físicos, "urbanos" y "ambientales" que muestran las transformaciones del espacio, sino también al notar las transformaciones y cambios personales y colectivos de los sujetos que habitan estos espacios.

Los terrenos "vacíos"

Descampados de interés urbanístico

En el diseño urbano de los barrios, los "espacios públicos" que no son calles, ni veredas ni entran en las categorías de "espacios verdes" o "recreativos", se consideran "terrenos vacíos", sin utilidad ni valor productivo, y son usualmente conocidos como "terrenos baldíos". Cuando desde el modelo de ciudad racional se habla de mejorar los "espacios públicos y/o

---

6   La etnografía de Bourgois (2010), que aborda la "cultura callejera" en el Harlem norteamericano, me ayudó a entender cómo la violencia es una de las diferentes manifestaciones de la marginación económica. Me aportó elementos para repensar el "espacio público", como *la esquina y el río desarmadero* de autos, en tanto espacios estigmatizados, asociados a delitos y droga, en donde *se juntan* los jóvenes; pero también como una estrategia de supervivencia y resistencia ante las desigualdades étnicas y de clase, que se explican más allá de la localidad.

comunitarios", se está pensando también en que no haya más lugares descampados, improductivos, o factibles de ser "ocupados" por sujetos que no responden a la lógica de acción de los planes de urbanización "oficiales". En su lugar, la propuesta es construir "viviendas sociales", "espacios de uso comunitario" o "espacios verdes" y de "ocio" como, por ejemplo, "las plazas".

Al lado del jardín de infantes, en el barrio San Jorge, hay uno de estos terrenos "vacíos". Las maestras y autoridades del jardín reclamaron en varias ocasiones al municipio y a los técnicos del programa de gobierno la limpieza del terreno porque allí hay *"víboras y ratas"* y *"es un foco de basura"* y de *"enfermedades"* (notas reuniones, PROMEBA 2010), concibiendo a este terreno como un espacio *"peligroso"* en donde ocurren *"accidentes"* con vidrios o hierros oxidados, o como foco de enfermedades respiratorias, enfermedades de la piel asociadas a la presencia de insectos, y otras vinculadas con el agua estancada.

Foto tomada en mi rol de técnica para informar sobre "la necesidad de limpieza" de este "espacio público" y sobre el "peligro" de esta zanja. Da cuenta de mi mirada reprobatoria respecto de la presencia de estos niños en este lugar, desde mi posición de técnica y adulta (29-9-09).

Campo detrás del jardín, en *barrio viejo* (7-1-10).

El jardín y *el campo* visto desde *la ruta* (18-1-10).

Algunos sectores de este descampado son cuidados por los "vecinos frentistas" que cortan el pasto, limpian la basura y usan parte del lugar como depósito de cacharros, para colocar en verano *la pelopincho*, para hacer pastar sus caballos, o para estacionar un auto o un carro.

En este descampado el gobierno municipal planifica hacer "viviendas sociales", por eso no nivela el suelo ni desmaleza regularmente, con el propósito de que no sea "ocupado" por personas por fuera de la planificación oficial urbana. Sólo lo limpia cuando los pastizales están demasiado altos y ante los reclamos de los vecinos y de las autoridades del jardín.

Esta política se extiende a otras partes del territorio municipal, como por ejemplo, a las tierras que se encuentran frente al aeropuerto local, que según el "Plan de Desarrollo Urbano" (2009) –mencionado en el primer capítulo– el gobierno municipal identifica como "zona especial de interés urbanístico"[7] en función del contexto histórico, de las leyes del mercado inmobiliario, y de la expansión de la ciudad[8].

Estos terrenos "vacíos" son también utilizados por los niños y jóvenes varones para jugar al fútbol; con el tiempo, estos habitantes mejoran el suelo, equipan los lugares con arcos, bancos, etc. Así los terrenos "baldíos" o parte de ellos se convierten en *canchitas*, delimitando el lugar física y socialmente a un uso determinado y a un grupo de personas. Esta forma de apropiación y ocupación del espacio colabora también indirectamente con el proceso de urbanización formal ya que genera que nadie *de afuera* "ocupe" estos terrenos y los habite sin autorización del Estado.

Sin embargo, cuando estas *canchitas*, construidas y cuidadas espontáneamente por los pobladores, no son compatibles con el plan de ordenamiento oficial, estos lugares se "intervienen", como ocurrió con *la canchita* y *el campito* que se ubicaba entre *la escuela* y *la salita*. Esta acción de "reordenamiento" de "tierra y vivienda" no es aislada, sino que se corresponde con la lógica racional de planificación urbana que concibe el espacio teóricamente, funcional, divisible en áreas y susceptible de diseñar desde un modelo de "progreso".

A comienzos del año 2010, este descampado –referido en el primer apartado por los chicos como "espacio verde" y en el siguiente como *campito*– fue ocupado por un "Plan de Viviendas". Esta edificación no sólo ocupó *el campito*, sino que también avanzó sobre la *canchita*, no sin cierta resistencia por parte de los jóvenes que la utilizaban.

Los *pibes* que usaban esta *canchita* se enteraron que iban a construir viviendas en ese terreno cuando la empresa constructora, encargada de las obras, quiso cercar la zona. Ante esta situación, los jóvenes no dejaron que la empresa siguiera con las obras, amenazando a los obreros. Entonces intervinieron las trabajadoras sociales del municipio y el "equipo de campo" del PROMEBA II para "destrabar" el "conflicto". Luego de una serie de reuniones con los "jóvenes de la canchita", éstos "acordaron" dejar que "las obras avanzaran", a cambio de la promesa por parte del municipio de que les "darían" otra cancha de fútbol en la plaza a construir en el *barrio viejo*, que en ese momento era *campo*, pero que estaba prevista como

---

7   Estas acciones corresponden al gobierno del intendente anterior, Amieiro, pero se mantienen vigentes en el nuevo gobierno de Andreotti.

8   Vale mencionar que en los últimos años, se ha construido en la zona oeste del partido de San Fernando, un centro residencial, caracterizado por barrios cerrados destinados a población de poder adquisitivo medio-alto, y de oficinas, en una zona que en otro momento tenía poco o nulo valor inmobiliario.

"espacio verde". La participación de los técnicos en este tipo de "conflictos" generaba tensión y disidencias, sobre todo, entre los consultores y los técnicos del municipio, ya que si bien se consideraban las opiníones del "equipo de campo", en última instancia se hacía lo que el municipio consideraba necesario para el avance de obra del PROMEBA.

Niños juegan a la pelota en la (nueva) *canchita* del *barrio viejo*; en el fondo se observa el Plan de Viviendas en construcción (13-1-11).

El campito

Dos meses después de iniciado mi trabajo de campo, llegué *al barrio* como todos los viernes, a las 15.30 en punto con el propósito de tener la reunión del *Periódico de los Chicos* (2-3-07). Al entrar, bajé la velocidad y fui despacio, atenta por si alguien se cruzaba por la calle. Inmediatamente los vi a Chiqui, de 8 años, Facundo, de 9, Felipe, de 10, y a otro niño que luego me enteré que era el primo de uno de ellos.

Chiqui y Felipe son hermanos y vecinos de Facundo. Los tres viven en la "manzana 19", es decir, en la única manzana del barrio Hardoy construida íntegramente por "viviendas sociales" –las demás manzanas son una mezcla de casas autoconstruidas y de *casitas nuevas*–, a las cuales se mudaron las primeras familias "relocalizadas" en el marco del PROMEBA I. Chiqui y Felipe tenían seis y ocho años, respectivamente, cuando se mudaron con su mamá y tres de sus once hermanos al barrio Hardoy. A mediados del año 2005, se vieron en la obligación de "relocalizarse" porque "se abriría" una calle en donde estaba situada su antigua casa, en el barrio La Paz. Su madre trabajaba en el comedor de *la escuela 28*, a una cuadra de su nuevo hogar, a la cual ellos comenzarían a ir luego de "la relocalización"; su padre no vivía con ellos y –como ya mencioné– lo veían muy poco. Estos niños *andaban en la calle todo el día*, y cruzaban del otro lado de *la ruta* solos sin problema, es decir, cruzaban al barrio San Jorge sin la necesidad de ser acompañados por un adulto. Facundo, en cambio, no tenía una familia numerosa, vivía sólo con su mamá "delegada", su papá y su hermanito, iba a una escuela parroquial y difícilmente se lo veía caminando por *el barrio* solo. Se mudó del San Jorge al barrio Hardoy cuando tenía siete años.

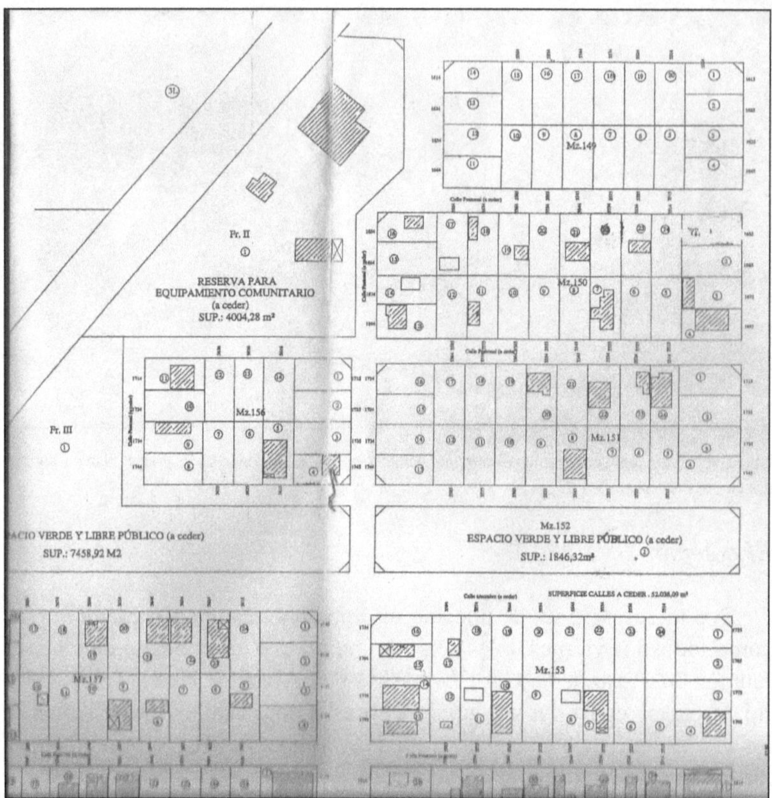

Parte del croquis del plano del barrio Hardoy; las rayas marcan las viviendas pre-existentes al PRO-MEBA, en el resto de los "lotes" se construyeron "viviendas nuevas". La "manzana 19" es la del extremo superior del plano.

A partir de "la relocalización", estos niños fueron "vecinos" y se hicieron amigos, y era muy común que los encontrara jugando *a la pelota*, sentados en *la calle* o pasando un rato juntos como aquella tarde en *la esquina*. Estaban sentados en la vereda, en frente de sus casas.

Antes de que yo estacionara, los niños me saludaron con la mano y me mostraron entusiasmados unas botellas de plástico con algo en su interior que no logré distinguir desde el auto. Como siempre, estacioné a metros de *la biblioteca*. Cerré y me dirigí a *la esquina* para saludarlos. Estaban sentados en el piso, formando un círculo y Facundo tenía en su cabeza como cinco o seis saltamontes. Se reían, los agarraban de las patitas, los encerraban en las botellas, los ponían en el piso, los movían... *"Seño, ¡mirá que grandes!"*, me dijo Felipe amagando a ponerme uno en mi cabeza. Me corrí; y se rió. Cada uno tenía dos o tres en la mano y varios muertos –o a punto de estarlo– en las botellas de plástico, atrapados para que no se escaparan. Felipe me contó que los habían estado buscando en *"el campo"* y me señaló con el dedo el descampado detrás de la escuela. Tenían verdes, marrones y algunos que parecían un palito largo; a esos les decían *"Palo de Dios"*. Les pregunté la diferencia entre los marrones y los verdes y me dijeron que todos eran saltamontes, pero que unos eran más chiquitos que otros. Me quedé un ratito parada viendo lo que hacían, advirtiendo que estaban muy divertidos y suponiendo que entonces no participarían de la reunión del *Periódico* que se suponía estaba por comenzar.

El campo en donde los niños buscaron los saltamontes es el lugar que se extendía desde *la ruta* hasta detrás de *la escuela*, al lado de *la salita* y de *la canchita* mencionada en el apartado anterior. Era un terreno lleno de pastos altos, desniveles de tierra de relleno, en el que se podía encontrar desde hormigueros enormes, bolsas de basura, escombros, plantas, yuyos, hierros oxidados, pozos con agua estancada, renacuajos y saltamontes.

El campito donde los chicos buscan los saltamontes, detrás de la escuela (7-4-08).

El encuentro con estos cuatro niños y los saltamontes me hizo reflexionar sobre otros sentidos acerca de *el campo* que yo asociaba con un terreno "baldío"; sobre el valor de este espacio en la vida social y cotidiana de los pobladores. Para los niños, *el campo* era un espacio de juego, de exploración, búsqueda y aprendizaje en contacto con la naturaleza y con otros niños. Los niños encontraban allí "un espacio cargado, productivo, placentero" (Milstein, 2010: 83 y 84) que manipulaban y aprehendían desde y con sus cuerpos (Borges y Kaezer, en Milstein *et ál.*, 2011; De Visscher y Bouverne-De Bie, 2008; Nespor, 1997; Satterthwaite *et ál.*, 1996; Tonucci, 2005; Milstein, 2013; Vogel *et ál.*, 1995).

Este registro también me hizo reflexionar sobre otros significados y prácticas referidas a las vivencias en *la esquina* que no se asocian con la "cultura de la calle", la [mala] *junta*, la delincuencia, la vagancia, la ausencia de reglas y la falta de un control social y moral[9], sino a diferentes formas de interacción con pares y adultos, a formas lúdicas y a estar con amigos[10]. En este sentido, me hizo reflexionar sobre lo que solía ser mi mirada reprobatoria respecto de la presencia de los niños en estos espacios.

Sin embargo, este encuentro con los niños corresponde al período de implementación del PROMEBA I; durante el PROMEBA II, *el campo* de los saltamontes se "urbanizó", dando lugar a un complejo de "viviendas sociales", como mencioné antes en relación al "Plan de Viviendas Sociales" y al avance de las obras sobre *la canchita*.

Inicio de las obras del "Plan de Viviendas" en lo que era *el campito* (1-2-10).

---

9   *"Los que se juntan en la esquina (...) se crían en la calle, solos"*, explica Karin de 11 años (19-1-07) reproduciendo sentidos predominantes en el discurso de los adultos. Como vimos en el capítulo tres, Magalí mencionó a *una esquina* como un espacio por el que no *puede pasar* para visitar a sus amigas que quedaron viviendo en el barrio San Jorge luego de que ella y su familia se "relocalizaran". Nicolás, otro niño de 11 años, señaló que no podía circular por otra *esquina*: *"No voy más a ese apoyo porque los chicos de la esquina se drogan"* (1-6-07). Los chicos *del apoyo* también se refirieron a una *esquina* como *"peligrosa"*.

10   La etnografía de García Silva (2014) da cuenta de los lazos sociales que se construyen en la calle y que explican las relaciones de amistad y de afecto entre los "hermanos de calle" (2014: 96). En los trabajos de Sierra *et ál.* (2010) y de Hardoy *et ál.* (2010), que versan sobre la experiencia del IIED-AL y de "promotores barriales" en actividades con jóvenes del barrio San Jorge, también se muestra cómo *la esquina* es un espacio que concentra múltiples sentidos, como en el siguiente testimonio: *"En la esquina aprendes lo que es bueno y lo que es malo, a veces te drogas y a veces no. Pero también pasan otras cosas: charlamos, nos reímos"* (Sierra *et ál.*, 2010: 166).

En otro encuentro con un grupo de niños y niñas, de entre 7 y 9 años, esta vez en *la biblioteca*, los niños hicieron mención a esta misma lógica de acción política por parte de un programa de "reordenamiento territorial", es decir, dieron cuenta del avance de un programa de gobierno sobre terrenos considerados "vacíos". Aquí los niños hablaron de otro *campo* –ubicado en frente del barrio La Paz– como un espacio cotidiano, expresando su conocimiento sobre el paso del tiempo y las transformaciones urbanas:

Andrea — ¿Qué me cuentan del barrio La Paz?
Niños   — Es muy chiquito.
*   — Hay muchos pasillos.*
*   — Es muy sucio.*
*   — Hay mucho campo.*
*   — Hay muchos animales.*
Darío   — En el campo hay muchos animales, cuy y todo.
Andrea — ¿Cómo era antes el barrio La Paz?
Niños   — No existía.
*   — Era un pasillo re grande.*
*   — Era todo campo.*
Andrea — ¿Y dónde vivía la gente?
Niños   — En San Jorge.
Andrea — ¿Todos en San Jorge? Hace por ejemplo, tres años (…). ¿En
*   qué parte de La Paz vivís? –pregunté dirigiéndome a una de*
*   las niñas que vivía en el barrio La Paz–.*
Yanina —Al principio. ¿Viste la canchita? Al frente de la canchita.
*   Guatemala.*
Andrea — ¿Hace cuánto vivís ahí?
Yanina — Hace un montón.
Andrea — ¿Cómo dicen que era campo, si hace un montón viven ahí?
Yanina — Sí, había campo pero estaban haciendo las casitas esas [se
          refiere a un complejo de viviendas sociales conocido como
          "barrio Héroes de Malvinas"].
Andrea — Los pasillos (…) ¿antes qué había ahí?
Niños   — Campo.
*   — Pasto.*
*   — Casas de madera.*
Andrea — ¿Y a dónde se fue esa gente a vivir?
Niños   —A la 30.

(Nota de Campo, 1-6-07)

Las acciones oficiales de urbanización que cubren *campos* con "viviendas sociales" desconocen los espacios "informales" en donde los niños y jóvenes socializan, aprenden sobre la naturaleza, juegan, prueban su destreza física, toman decisiones y asumen consecuencias. Estos *campos* tienen montículos de tierra, basura y escombros, son espacios sin diseñar que los pobladores incorporan a su vida cotidiana, como parte de la historia y transformación de sus barrios.

Chicos juegan a deslizarse sobre la montaña, en el límite de San Jorge (29-9-09). Hoy esta montaña se aplanó y hay un muro que imposibilita el paso hacia ese lado.

Niños, a la salida de la escuela, trepan una montaña de tierra, descarte de las obras de "ensanche" de la Ruta 202 (11-8-10).

Foto tomada por una niña en una de las "recorridas ambientales" del Promeba II (27-9-10).

Chicos en la inauguración de la *plaza del barrio viejo*, en el marco del PROMEBA II (13-1-11).

Las plazas

Espacios para el "ocio" y la "recreación"

Las plazas son lugares organizados en "áreas" y planificados según diferentes grupos de "usuarios o destinatarios" como "niños", "madres con hijos", "ancianos", "jóvenes", etc. En este sentido, desde el PROMEBA se diseña, por ejemplo, la colocación de bancos al lado del área de juegos para que las madres puedan observar a sus hijos, o se planifica una zona de árboles o arbustos, o un "anfiteatro" para uso de "toda la comunidad".

Si bien la planificación del espacio "verde y recreativo" está orientada principalmente por los técnicos "urbanos" y "ambientales", los técnicos del "componente social" participan para promover el "consenso" y la "apropiación" del espacio por parte de los "vecinos". En este sentido, al igual que con las "campañas de concientización ambiental", se organizan talleres, reuniones o actividades que promueven "la participación de la comunidad" ya sea antes de las obras de infraestructura y equipamiento, en la inauguración "formal" de los lugares, o para promover su posterior cuidado y mantenimiento. Todas estas acciones responden a un concepto de espacio físico que se debe ordenar y cuidar, y al uso del espacio como "recreativo" según determinadas normas de conducta.

Durante la obra de "remodelación" de la *plaza de la entrada* o "plaza Pitágoras" del barrio San Jorge, por ejemplo, los "vecinos" propusieron colocar rejas para *"cuidar los juegos del vandalismo"* (reunión mesa de trabajo, abril 2010). Como las rejas no estaban consideradas dentro del presupuesto de la obra asignado a la plaza, los técnicos tuvieron que rever la planificación original y "consensuar" un nuevo diseño entre la empresa constructora, los arquitectos, el inspector de obra y los "vecinos", sumado a los cambios en la asignación de presupuesto, producto del desfasaje entre los montos del momento de la licitación de las obras y la efectiva ejecución. En este mismo proceso de "participación comunitaria" orientada a esta plaza, los niños, a través de las instituciones educativas de *el barrio* (uno de los apoyos escolares y uno de los jardines de infantes), fueron convocados para que hicieran dibujos referidos a las plazas, los cuales luego fueron elegidos y plasmados en un mural por artistas del municipio. Los niños "participaron" pintando el mural, y los artistas luego "emprolijaron" los dibujos, por ejemplo, remarcando los trazos y bordes con color negro. Los "jóvenes participaron" buscando cerámicos en *la quema* y decorando con éstos un sector del suelo de la plaza. Algunos de estos jóvenes eran *los pibes de la esquina*, y así se los vinculaba con sentidos estigmatizantes. También "participaron" los "delegados", las maestras y otros "vecinos" en la inauguración de la plaza, enfatizando, por ejemplo, sobre el cuidado de los materiales y el equipamiento:

(Maestra del jardín maternal dirigiéndose a niños de 3 y 4 años en la
inauguración de la plaza del *barrio nuevo* 4-10-10)

Niños, técnicos y "vecinos" pintando el mural de la plaza del *barrio nuevo* (4-10-10).

Entre hamacas, helados y tiros

Luego de la escena en *la esquina* con los cuatro niños "torturando" a
los saltamontes, me dirigí a *la biblioteca*. Cuando llegué, noté que había un
cartel en la puerta que decía "*Cerrado por vacaciones del 26 al 19*". Abrí
el candado de *la biblioteca*, y me senté a esperar en una especie de escalón
que se forma entre el pasto y el comienzo de la edificación. Intuí que el cartel generaría confusión en los niños y que probablemente no vendría ningún
chico considerando que al no haber *biblioteca* tampoco habría *Periódico* –a
pesar de mis intentos por diferenciarme de las actividades realizadas en la
institución–. Decidí no abrir la puerta del salón –ya que esto me implicaría
lidiar con cuatro llaves diferentes que no tenía bien identificadas– hasta
que no viniera alguien. Tenía esperanzas de que llegaran las chicas, con las
cuales habíamos planificado hacer una entrevista[11].

---

11 La mayoría de los encuentros etnográficos más significativos para mí fueron los que se apartaron
de lo que había planificado. Esto lo comprendí mucho tiempo después; y en el momento del trabajo
de campo la ausencia de niños o la falta de respuesta a mis consignas las vivía con desilusión.

El día estaba muy agradable, había sol y no hacía calor. Mientras estaba esperando afuera de *la biblioteca*, se acercó Felipe, que había participado de la reunión del viernes anterior, y me dijo: "*Verdad que hoy teníamos que hacer algo, ¿no? ¿Qué era?*". "Una entrevista", contesté, y sin más, se fue. Al ratito vino Chiqui, su hermano, se sentó a mi lado y nos pusimos a hablar de su colegio. Enseguida vinieron los demás chicos con sus botellas y los saltamontes, y empezaron a buscar insectos por el jardín de *la biblioteca*. Volvió Felipe con un saltamontes en la mano y me dijo: "*Seño, ¿querés un saltamontes? Te lo pongo en la cabeza para que te saque los piojos*". "Uno: no quiero. Dos: no tengo piojos", dije haciéndome la enojada. "*Tres: tengo miedo a los bichos*", agregó Felipe en tono de broma, y se volvió a sentar a mi lado. Nos quedamos unos minutos los dos sentados al sol, sin hablar, mientras los demás chiquitos jugaban, se peleaban, iban y venían. Empezamos a charlar:

Andrea — *¿Te gusta vivir en este barrio?*

Felipe — *Sí, porque puedo ir caminando a la escuela.*

Andrea — *¿Es más tranquilo?*

Felipe — *No, se cagan a tiros todos los días. En La Paz era más tranquilo, son todos amigos.*

Facundo — *Se cagan a tiros los días que llueve y a la noche –agrega Facundo sumándose a la charla–.*

Chiqui — *Los fines de semana más –explica el hermano menor de Felipe–.*

Andrea — *¿Dónde se cagan a tiros?*

Felipe — *Acá seño. Acá –señala con la mano la plaza del Hardoy–.*

Andrea — *¿Cómo sabés?*

Felipe — *Yo lo vi, estaba ahí. Estaba yendo a la heladería.*

Andrea — *¿Quiénes?*

Felipe — *Los Pérez. Vino la policía y mataron a uno de ellos.*

Andrea — *¿De los Pérez? –pregunté sorprendida–.*

Felipe — *No de la policía. (...).*

Andrea — *¿Y vos qué hiciste? –pregunté sorprendida por la naturalidad con la que me contaba los hechos–.*

Felipe — *Me escondí y me quedé para ver qué pasaba.*

Andrea — *¿No es peligroso? –pregunté con preocupación–.*

Felipe — *No, me escondo detrás de un árbol, o me tiro al piso si hay tiros. ¿Viste el árbol de allá? ¿Conocés a Liliana?*

Andrea — *Sí –dije sabiendo que se refiere a una vecina que vive en una esquina, frente a la plaza–.*

Felipe — *Bueno, enfrente hay un árbol, ahí se junta mi hermana con otros. En otro árbol se juntan los Pérez, y en el otro los García, ahí donde están las montañas. Se cagan a tiros.*

Andrea — *¿No te da miedo? –pregunté preocupada–.*

(Nota de Campo, 2-3-07)

El árbol donde *se junta* la hermana de Felipe con sus amigos (2007).

Durante la ejecución del PROMEBA I, en el año 2007, la empresa constructora movió y sacó tierra durante las excavaciones para la colocación de las cañerías de uno de los barrios en transformación. Este excedente de tierra fue colocado transitoriamente en el terreno de la plaza formando las "*montañas*" que menciona Felipe. Así lo que para la empresa constructora a cargo del PROMEBA era un lugar "vacío" para depositar tierra de descarte, para *los Pérez* y *los García* era un lugar para atrincherarse ante un eventual enfrentamiento. La plaza del barrio es también para Felipe el espacio en donde *se junta* su hermana con amigos. Es más que un "espacio verde o recreativo"; es un espacio cercano, en donde se libran disputas de poder, en donde niños –y adultos– aprenden a vivir en un contexto en donde la violencia es una práctica cotidiana. En este diálogo, Felipe, de 10 años, expresó otros sentidos y prácticas respecto de las plazas, diferentes a los aludidos por los adultos –técnicos, vecinos, "delegados" y maestras–.

Al igual que muchos de los adultos que no participan de los espacios formales vinculados al proceso de urbanización planificado, los niños no usan ni tienen incorporada la jerga técnica; pero hablan desde su experiencia de vivir en *el barrio*, desde lo que les sucede. Los niños dan cuenta de sentidos alternativos, pero también –como los adultos– de los discursos predominantes y de espacios estigmatizados, o del espacio en tanto concepción física a "reordenar", "equipar" o "limpiar". Como lo señalan estos registros, los pobladores reconocen los conflictos como parte de su cotidianeidad, y como parte de una realidad compleja, integral, que coopera en la construcción diaria del espacio en el que viven y en el que aprenden a vivir, sin separar el espacio físico del social.

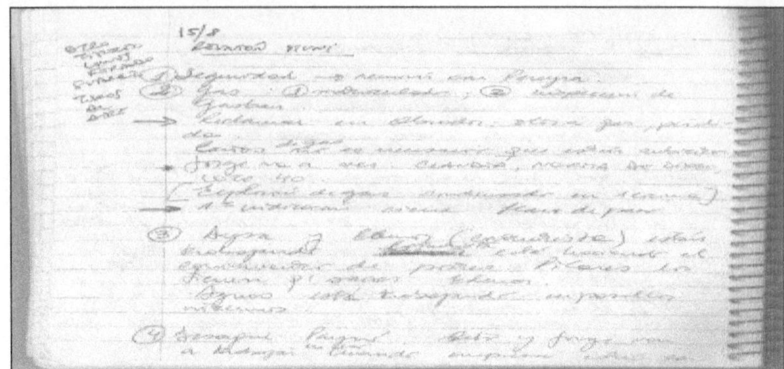

Anotaciones en una reunión de equipo en la municipalidad (15-8-06). El primer tema de conversación es "seguridad", el segundo tema es "gas". En el margen izquierdo anoté "otro tiroteo lunes feriado. Tiros al aire", registro que muestra mi preocupación al respecto.

Manos pintadas por jóvenes de *el barrio* en una de las paredes de la casa de *los Pérez* denunciando el asesinato de un chico *inocente* producto de un *tiroteo* entre *bandas* el 5-2-07 (marzo 2007)[12]. Actualmente, en esta pared, hay un mural que pintó el Área de Cultura de la municipalidad.

---

12   Los *chicos* hicieron mención a este episodio en la sección "noticias" del *Periódico de los Chicos* Nº 1: *"Noticia triste: Mataron a un chico que tenía 16 años en la esquina de la casa de su abuela, en el barrio San Jorge Nuevo. Se llamaba Sebastián Quiñones Fretes y le decían 'Chepi'"*. *"Noticia por la paz: La gente del barrio pintó sus manos sobre el muro de la Escuela 28 vieja en San Jorge para que haya paz en todo el barrio. También pintaron en una esquina del barrio La Paz y en la pared de la Escuela 28"*. Como consecuencia de este hecho se iniciaron una serie de reuniones durante algunos meses en las que participaron diferentes áreas municipales,

La naturalización de ciertas prácticas de violencia cotidiana, como *los tiroteos*, eran temas de conversación y preocupación en las reuniones del "equipo de campo" –e incluso elevadas en informes y cartas a autoridades provinciales y nacionales–, pero finalmente eran minimizadas en función del "avance" del programa, o bien, se evitaban ciertas *esquinas* o se intentaba ir acompañado. De esta manera, las acciones de los técnicos también se ejercían en articulación con otras prácticas que disputaban espacios de poder –como las de las *bandas* conocidas en *el barrio*–; estas prácticas no respondían a divisiones geopolíticas, sino a fronteras al interior de *el barrio*. Con los niños no sólo advertí la naturalización de estas prácticas, sino también la invisivilización de otras, como las que implicaban *estar con amigos*, o las que daban cuenta de una competencia –y aprendizaje– para circular por el *barrio*, o incluso no reparé en las denuncias *por la paz* que se expresaban a través de los grafitis. Es decir, diferentes prácticas que se expresan políticamente en el espacio barrial.

La producción social del espacio

A partir de los encuentros con los niños, especialmente, pero también con los adultos, pude reparar en cómo los residentes dan cuenta de que, ya sea en *el río*, *el campo*, *la esquina* o las plazas, viven diversas experiencias vitales en interacción con otros, experiencias valoradas de forma diferente según las historias personales y contextos familiares.

Los sujetos que habitan *el barrio* muestran los conflictos de poder, ambientales, sociales y políticos que se ponen de manifiesto en los diferentes "espacios públicos" del lugar en el que viven.

Atender a la mirada de los pobladores, a sus formas cotidianas de experimentar a través de sus cuerpos, de sus relaciones de afecto, de sus emociones, permite advertir sentidos alternativos a los discursos hegemónicos sobre los espacios. Los pobladores muestran espacios vividos y animados, ponen de manifiesto flujos y recorridos dinámicos en los que participan diversos sujetos sociales. Los niños señalan no sólo lo que se ve en los lugares (basura, juegos nuevos), sino también las prácticas que se invisibilizan (*el desarmadero*, el cuidado de un espacio "vacío" por parte de los habitan-

---

vecinos de los barrios Hardoy, San Jorge, Héroes de Malvinas y La Paz, organizaciones locales, representantes del "Foro de Seguridad" vecinal de la zona oeste del partido, y el "Jefe Distrital" de la comisaría. En estos encuentros se discutieron posibles "soluciones", se habló sobre el poder de la policía, los recursos, el poder de *las bandas*, y se redactaron tres cartas dirigidas a autoridades municipales, provinciales y nacionales firmadas por más de cien vecinos de los barrios reclamando la presencia de las "fuerzas de gendarmería y/o prefectura" y mayor "control policial" (cartas 14-2-07; 29-3-07), explicando que el problema no sólo afectaba la vida de las personas que vivían en *el barrio*, a "*la gente inocente*" (11-2-08) y a la gestión municipal, sino que se vinculaba con otras acciones y redes de actores "más allá" de los barrios y del partido de San Fernando, como las fuerzas de policía y el sistema judicial. Como parte del equipo de la ONG participé de casi todas las reuniones.

tes), acciones del Estado que se imponen ya sea por su presencia (avance de la urbanización en espacios en uso) o bien por su aparente ausencia (en *el río*, en *el campo*), y así se evidencian relaciones sociales y espacios de poder entre diferentes actores sociales e instituciones.

Analizar la perspectiva de los residentes en relación al orden urbano me hizo no sólo ver a las políticas públicas como organizadoras o desorganizadoras de la vida cotidiana de las personas –como señalé en capítulos anteriores–, sino cambiar el eje para mirar también lo que las personas hacen en relación a estas formas de "ordenar" o "desordenar" los espacios. De esta manera, poner a dialogar las voces de los habitantes y técnicos me permitió advertir cómo los sujetos negocian y disputan día a día el espacio, un espacio que se aleja de un orden estático y planificado y de los límites que figuran en los mapas. Así pude observar que el espacio está atravesado por luchas de poder asimétricas, que este poder se ejerce en la práctica diaria, se nombra a través del "lenguaje de los sitios" (Kuper, 1972) y a través de diferentes acciones de las personas que residen y "trabajan" allí. Muchas de estas prácticas son naturalizadas, e invisivilizadas, por los técnicos en pos del "avance de las obras" o de los "planes del programa", que guían la prioridad de sus acciones. Al igual que los pobladores, muchos de los técnicos aprenden los circuitos y las formas de moverse por *el barrio*, aunque con la distancia y las diferencias de quien vive "afuera del barrio".

Frente a "espacios recreativos", los pobladores señalan espacios conflictivos, de violencia, pero también de "ocio" y de socialización. Frente a "espacios verdes", mencionan historias colectivas e individuales, recuerdos en contacto con la naturaleza, pero también relaciones de poder entre sujetos e instituciones. Así demostré que al mirar las prácticas de los sujetos –tanto de los técnicos como de los residentes– se pone de manifiesto que sus diversas formas de transformar el espacio, de disputarlo y apropiarlo, responden a lógicas de acción permeables.

Conclusiones

> *"Para nosotros es fundamental que nuestros intereses científicos originen utopías y deseos de cambio. Dicho de otro modo, no satisfacernos con el hecho de que cinco billones de personas no tengan el 'espacio' del que tanto nos hablan l@s niñ@s y l@s jóvenes con los cuales realizamos pesquisa. La falta de espacio, de otros espacios, de inventar espacios, de espacios de libertad, nos advierten de qué forma el espacio y la esperanza caminan juntos, siendo centrales en la vida de todos, sin jamás excluir niñ@s y jóvenes de este colectivo".*
>
> (Borges y Kaezer
> en Milstein *et ál.*, 2011:167)

Revisando los capítulos

El objetivo que me planteé desarrollar en este trabajo fue mostrar la importancia de incorporar la perspectiva de los sujetos para comprender los procesos de urbanización; en este caso, el proceso de transformación urbana de los barrios Hardoy y San Jorge del partido de San Fernando, en la región norte del conurbano bonaerense.

En el primer capítulo contextualicé los barrios Hardoy y San Jorge estableciendo su vínculo con el "resto" de la ciudad a partir de las diferentes formas de nombrar los espacios por parte de las políticas públicas. Así mostré que el Estado asume un rol central en la categorización y clasificación de los habitantes, contribuyendo a los mecanismos de estigmatización social asociados al territorio. Los rótulos de "villa", "asentamientos informales" y "barrio" reflejan discursos socio-espaciales que atraviesan fronteras geopolíticas, localidades y posiciones sociales y explican la concepción del espacio urbano desde la lógica racional urbanística hegemónica.

El Estado concibe a la ciudad como un espacio al cual se debe "ordenar" más allá de las personas que lo habitan. "Transforman" las "villas o asentamientos informales", espacios de "pobreza", "carencia", en "barrios", a través de la "dotación" de infraestructura y servicios, y la legalidad de la tierra. El eje se centra en la espacialidad física y en la legalidad como atributo que "da" y reconoce el Estado; de esta manera se centra la mirada en el marco de este proceso de urbanización oficial, y no en las diferentes formas que tienen los habitantes para construir y transformar día a día el espacio urbano. Si bien el Estado –a partir de los gobiernos democráticos–, reconoce en su discurso la "producción social del hábitat" y así, por ejemplo, "fortalece a las organizaciones sociales", en la implementación de las políticas públicas, prioriza las obras físicas en detrimento de la construcción social del espacio –aun en los programas que contemplan un "acompañamiento social"–. En consecuencia, muchos pobladores deben *empezar de cero*, reconstruir sus circuitos y redes sociales, adaptarse a viviendas más pequeñas que las que dejan, tolerar vivir entre las obras y máquinas con el objetivo de ser "incluidos" en la "trama urbana" legitimada social y políticamente.

Por otro lado, reparar en la perspectiva de los pobladores, especialmente de los niños, me permitió advertir que éstos no clasifican los espacios en función del orden establecido oficialmente, sino que manifiestan una perspectiva relacional en la que dan cuenta de sus propias experiencias, de espacios habitados e integrados a la ciudad.

Este primer capítulo me significó repensar el tema de la urbanización barrial más allá de la localidad, es decir, pensar *el barrio* como parte de un contexto mayor, y cuestionar las fronteras del "adentro" y "afuera" de *el barrio*. Me obligó a reflexionar sobre los procesos macro-estructurales que explican relaciones de poder, formas de configurar y referenciar los espacios, arraigadas en políticas públicas pero también reproducidas permanentemente desde las mismas prácticas y discursos cotidianos de los habitantes de la ciudad y los medios de comunicación.

En el segundo capítulo reconstruí segmentos del proceso histórico de transformación urbana de los barrios San Jorge y Hardoy, centrándome en las políticas de ordenamiento territorial por parte del Estado en interacción con las políticas de diferentes actores –habitantes, organizaciones de la sociedad civil, empresas, etc.–, que fueron configurando los barrios física, política y socialmente a lo largo del tiempo.

Aquí mi intención fue mostrar el poder del Estado en tanto diseña, inventa, reconstruye barrios, en función de la lógica y planificación urbanística, afectando a las personas que los habitan más allá del tiempo inmediato de la intervención –como sucede con la división social entre los habitantes del *barrio nuevo* y el *barrio viejo*–. Asimismo, aquí expuse cómo estos procesos –oficiales e "informales"– avanzan en paralelo, articulados, no sin conflicto y con la participación e impulso desigual de diferentes actores a lo largo de la historia (los primeros pobladores, los "erradicados" por la dictadura, *el cura*, la ONG, *la cooperativa*, *la gente*, el municipio, *COCARSA*, etc.). Es decir, niños y adultos participan activamente –aunque no siempre con visibilidad en espacios oficiales– de estos procesos políticos que inventan, construyen y expanden barrios, en interacción –despareja– con el Estado y otras instituciones de la sociedad civil.

Señalé también que las políticas urbanas disciplinan, regulan, organizan y desorganizan la cotidianeidad y la vida de las personas. Así hablé de procesos de estigmatización asociados al territorio que organizan recorridos y formas de moverse en los barrios y la ciudad, y también advertí sobre la necesidad de atender a las formas de enunciar y clasificar personas. Estas restricciones, reglas y límites se aprenden, se reproducen y son parte de la construcción diaria de las ciudades. Mostré la importancia de dar cuenta de estas lógicas, de pensar y de moverse en el espacio urbano, para problematizar las relaciones entre "centro-periferia", "villa-barrio", "pobres-no pobres", etc.

En este segundo capítulo opté por centrarme en los registros documentados por la ONG IIED-AL, por su significación en la participación del proceso de urbanización oficial a partir de 1987, posición que no sólo conocí a través de la documentación pública, sino por mi propia labor en la organización que me ha permitido aprehender el proceso de urbanización oficial como técnica, con sus matices, conflictos y complejidades diarias. Desde este involucramiento y cercanía con *el barrio* es desde donde pude repensar críticamente la urbanización desde la perspectiva oficial, reflexionando no sólo a partir de los lineamientos de las políticas públicas, sino también a partir de las prácticas de los sujetos –técnicos, funcionarios de gobierno, "delegados", "vecinos", etc.– que las llevan a cabo.

En el tercer capítulo me enfoqué en la "relocalización" como parte de la intervención del PROMEBA, contrastando la lógica de este programa con el impacto de sus acciones en los habitantes. Puse de manifiesto cómo la implementación de las acciones de "relocalización" afecta la vida cotidiana de una familia, los "costos sociales" y la centralidad de las relaciones afectivas en la experiencia cotidiana de transformación urbana.

Es decir, aquí mostré cómo son vividos estos procesos de relocalización, dando cuenta de que el Estado a través de sus políticas públicas no sólo organiza y "ordena" la vida de las personas, sino que también la desorganiza y desordena.

El análisis del proceso de relocalización me permitió ver la lógica oficial de urbanización centrada en "intervenir" el "espacio privado" y "público", según planes que priorizan mapas en forma de damero en vez de sujetos o relaciones sociales. Los chicos me desafiaron a ver más allá de los "beneficios" de los programas de urbanización, mostrando las contradicciones de este tipo de "mejoras" y los "costos" que implicaron en sus vidas (cambio de circuitos, rutinas, distanciamiento de afectos, etc.).

La centralidad y prioridad en las obras de infraestructura urbana de este tipo de programas –reflejada en el presupuesto asignado a cada rubro-actividad, la agenda de temas y las tomas de decisión en la gestión de los recursos–, la rigidez en las normativas vigentes respecto de la "regularización", y la falta de adecuación de los lineamientos a la dinámica de la "producción social del hábitat" (Di Virgilio *et ál.*, 2012b) son conflictos con los que los técnicos que participan del "acompañamiento social" de estos programas se enfrentan diariamente. En este sentido, los pobladores señalaron contradicciones del programa en sintonía con lo que los técnicos también debatíamos en los espacios formales de participación, es decir cuestionando los grandes lineamientos del Estado y tratando de generar "tácticas" (De Certeau, 2000) que se adecuen a las prácticas del día a día. Aun así, estas tácticas que "resolvían casos" puntuales de "familias" o "problemas sociales" tenían poco o nulo impacto en la implementación general de las políticas públicas de "reordenamiento", pues no contaban con recursos ni apoyos institucionales suficientes.

En el capítulo cuarto, analicé cómo los pobladores recrean y resignifican los "espacios públicos" de otra manera diferente a la concebida por las políticas habitacionales, y señalando, una vez más, que los espacios son en tanto vividos y en interacción con "otros". Aquí describí –especialmente a partir de registros con niños– cómo las acciones de los pobladores no se rigen por una lógica de acción lineal y planificada que concibe espacios según usos y sentidos determinados, sino por prácticas dinámicas y contextuadas, configurando el espacio a partir de la experiencia. Los pobladores señalan que en el "espacio público" –en *el río*, *el campo*, las plazas– viven diversas experiencias vitales en interacción con "otros", experiencias valoradas de forma diferente según las historias personales y contextos familiares. Los sujetos muestran los conflictos de poder, ambientales, sociales y políticos que se ponen de manifiesto en los diferentes espacios de *el barrio*.

Los relatos de *el río*, *el campo*, y las plazas demuestran que el espacio no sólo se construye desde la planificación racional y productiva de las políticas públicas sino en la participación del día a día, en vinculación con nuestros recuerdos, expectativas, aquello que imaginamos y sentimos. Además, este capítulo puso de manifiesto que los niños se expresan sobre y en espacios conflictivos con mayor libertad, y que reclaman acciones sobre espacios y situaciones que los adultos –pobladores y técnicos– silencian o parecen no querer ver. En este sentido, el análisis confirma la necesidad de incluirlos en el debate ya que dan cuenta de perspectivas diferentes a los demás pobladores adultos.

Por otro lado, señalé que los barrios en transformación permanente implican en niños y adultos –pobladores y personas que "trabajan en los barrios"– un constante proceso de adaptación, negociación y aprendizaje del entorno. En este sentido, mostré al *barrio* como un contexto de aprendizaje dando cuenta de la agencia de los sujetos que lo habitan. *El barrio* concebido desde la lógica de sus habitantes es un *barrio* que se conoce, se disputa, se transforma, y se resignifica *en la calle* y en el día a día.

Finalizada esta etnografía, a mediados de 2014, el "plan de viviendas" ya estaba habitado y en el terreno lindero había un "nuevo" *campito*. En *el río*, en lugar de agua y peces, había un paredón de hormigón y casas de madera y chapa. En *el campito* que estaba al lado del jardín de infantes, la nueva gestión de gobierno municipal había plantado palmeras… *El barrio* que congelé en mis notas de campo ya no es el mismo. La ciudad se vive, se transforma.

En este trabajo intenté mostrar la importancia de considerar a los procesos de urbanización "formales" en articulación con los "informales". Los pobladores advierten sobre otra concepción de *el barrio* que responde a una organización que se explica por historias de vida, vivencias y recuerdos, lazos de reciprocidad y relaciones de poder, vinculada a historias de *esfuerzo, lucha,* solidaridad, *discriminación,* a la interacción entre *gente de afuera* y de *adentro* de *el barrio,* es decir a las prácticas vividas, situadas, en la cotidianeidad de los barrios. El espacio urbano es construido así entre un conjunto de diferentes actores (Estado, pobladores, empresas, ONGs, organizaciones barriales, técnicos, instituciones públicas), con muchos y diferentes recursos.

Al poner en tensión la forma de urbanizar "oficial" con la forma de urbanizar "informal" de los sujetos residentes, expuse cómo estas lógicas de acción son permeables y dinámicas. Es decir, aquí mi aporte implicó pensar la urbanización desde el concepto de conflicto (Simmel, 2010), y así pensar las relaciones, divisiones y disputas del espacio urbano como formas de socialización y coexistencia en *el barrio.*

Me centré en las prácticas de los sujetos, inmersas en una trama de relaciones y de disputas de poder, para conocer cómo contribuyen políticamente a la transformación de los barrios, entendiendo a la ciudad como un espacio social, como un proceso, y no como una categoría que define un lugar físico y geográfico y un tiempo definido. En este sentido, incluí como discurso "nativo", además del correspondiente a los residentes, a los discursos de los técnicos que llevan a cabo las políticas públicas, de ONG, "delegados" y diferentes actores que participan en los procesos de urbanización.

Aun proclamando una mirada social del "hábitat popular" –como efectivamente lo hace el PROMEBA–, ésta es solo en tanto forma de consensuar, acompañar y facilitar el curso y avance de las obras de planificación urbana. La lógica de implementación de las políticas públicas responde a un cronograma de acción con un inicio y un fin espacio-temporal; es decir, las acciones se aplican en territorios geográficos delimitados, según pautas, presupuesto y requisitos preestablecidos y tiempos calendario definidos, con escaso margen de adaptación. Los "destinatarios" de estas políticas públicas también son definidos por el Estado en función de una concepción física y dominial del espacio: son los "pobres", los que viven en "villas o asentamientos informales", los que "carecen" de infraestructura y de la tenencia legal de la tierra, los diferentes "al resto" de la ciudad. Esta lógica dual de clasificación, centrada en la carencia y la miseria, estigmatiza a la población residente en estos lugares y reduce la problemática urbana a acciones orientadas a la construcción de infraestructura pública y privada como estrategias para la "inclusión" urbana. En este sentido, este trabajo dio cuenta de que esta perspectiva hegemónica es reproducida por la lógica de acción de los técnicos, así como de los residentes.

Dar cuenta de las vivencias y sentimientos de los sujetos en estos espacios le otorga densidad a la categoría de "pobreza urbana" poniendo en evidencia las falencias de este término para explicar el proceso de intercambio y construcción social de la ciudad, en donde las relaciones de poder no sólo implican disputas territoriales o institucionales sino también disputas de sentido entre diversos sujetos con presencia en *el barrio*. Así señalé, por ejemplo, en el último capítulo, que donde algunas personas advierten espacios "vacíos", otros ven espacios de *diversión con amigos*, donde unos ven "basura" o "peligro", otros ven *peces de colores*, o los asocian con seres queridos, describiendo no sólo espacios físicos, sino también espacios imaginados, deseados, recordados.

Quise mostrar también las tensiones que caracterizan a las acciones de los técnicos, enfrentándolos a situaciones y dilemas que discuten con la lógica del orden urbano establecido. Las acciones de los sujetos que integran el "equipo de campo" no sólo implican "mediaciones" entre "la comunidad" y *la municipalidad*, o entre diferentes "vecinos", sino también disputas y negociaciones entre las opiniones y creencias personales, lo que los programas y proyectos permiten, y las diferencias de perspectivas entre los diferentes "componentes" (social, ambiental, legal, urbano). Sería interesante indagar en futuros trabajos sobre los conflictos que generan los programas al interior de los equipos de técnicos, sobre cómo lidian con ellos los sujetos, y sobre las posiciones muchas veces ambivalentes y fluctuantes que caracterizan la dinámica de su tarea.

Aquí estamos *los chicos*

El trabajo de campo con los niños y niñas de *el barrio* ha ocupado sólo unos pocos meses de este recorrido etnográfico que inicié en el año 2007. Esos pocos meses en los que mantuve encuentros etnográficos con los chicos fueron suficientes para problematizar mi forma de concebir el espacio urbano, cuestionar mi andar por la ciudad y mi concepción de la infancia, y poner de manifiesto la falta de espacios formales para la participación de los niños en la planificación de las ciudades y en el debate de lo urbano. A partir de entonces y sin tener demasiada claridad respecto de lo que los niños podían aportar, pero habiéndome dado cuenta de la relevancia de incorporarlos como actores sociales con el mismo peso que los adultos, comencé a considerar a los niños no sólo en mi ámbito laboral sino en diferentes situaciones de mi vida cotidiana.

Recuerdo así el trabajo de campo con niños como una instancia de aprendizaje, una interacción caracterizada por sujetos espontáneos, individuos que asociaban temas y situaciones de forma inesperada. También recuerdo esa etapa como de juego, de momentos en los que los niños y yo —más los niños que yo— dejábamos de lado el objetivo de hacer un periódico o hablar sobre un determinado tema para simplemente dejarnos llevar por el encuentro, y pasar un buen momento con "el otro". Así pude reflexionar más sobre los momentos espontáneos, como las conversaciones con Felipe o los encuentros con los niños en *la esquina*, que sobre las actividades que planifiqué con ellos como entrevistas o escritos cuyo objetivo era "hacerlos participar" con indicaciones concretas.

Rescato de mi trabajo de campo con los niños las preguntas compartidas por *el barrio*, las respuestas espontáneas que me sorprendieron y me permitieron reflexionar, aprender, y sobre todo hacerme muchas repreguntas. Atender a la mirada de los niños sobre la configuración del espacio no implica sólo prestar atención a lo que hacen o dicen como contemporáneos, sino considerar las prácticas y discursos que observan de otros, o historias que les han contado y a partir de todo lo cual han crecido, siendo la mayoría de sus padres y familiares *nacidos y criados* en *el barrio*, en un proceso de conflicto y cambio permanente. Así incorporé a los niños en tanto sujetos que habitan el mismo barrio con los "otros".

Los niños –y los adultos– dan cuenta de las contradicciones y dificultades que implica concebir el espacio desde la lógica urbanística. Los chicos plantean una mirada más amplia y más compleja sobre el espacio barrial que contempla no sólo el arreglo de *las calles*, cuestiones ambientales, o la construcción de las *plazas o las casas*, sino también los *tiros*, la *discriminación, el desarmadero*, entre otras prácticas cotidianas. Los niños expresan su conocimiento y experticia sobre los "problemas urbanos a resolver", se sienten partícipes, y se expresan políticamente al respecto cuando son consultados, y cuando son invisibilizados como en sus prácticas en espacios imaginados, abandonados, improductivos o *peligrosos*.

Pensar los procesos que construyen contextos urbanos implica pensar a la ciudad de forma integrada y habitada por sujetos con historias personales, sentimientos y conflictos. En esto los niños nos muestran una manera creativa de experimentar *el barrio*, no sólo señalan vivencias físicas, corporales, lúdicas, sino en vinculación con los afectos, los recuerdos, los deseos. Vale resaltar aquí que los niños son sujetos en relación con otros interlocutores; los niños, al igual que los jóvenes y los adultos, aprenden y construyen el espacio urbano en interacción con otros, y así también son hablados por discursos sociales y procesos macro estructurales. Los técnicos son –somos– también parte de esta construcción colectiva del espacio, y dar cuenta de ello contribuye a entender los procesos de urbanización.

Mi experiencia de trabajo de campo con niños no fue tan extensa como para desarrollar una comparación entre el punto de vista de los niños y el de los adultos, pero sí creo que fue suficiente para demostrar que los niños y los adultos con los que trabajé hablan sobre los mismos temas, pero con diferentes recursos; que los niños tienen la capacidad de hacer más preguntas sobre lo que los adultos damos por sentado, que hablan sobre lo que los adultos silenciamos, que se asombran y reorganizan el mundo constantemente. Incorporar en la discusión su forma de indagar y vivenciar el espacio es una punta para comprender los procesos de urbanización de forma más integral. Me queda pendiente para futuras investigaciones profundizar en el trabajo etnográfico con niños, incorporar técnicas diversas, y tomar como objeto de investigación a la infancia en relación a la configuración del espacio urbano.

Existen estudios que describen investigaciones en donde se considera la forma de representar, significar y experimentar la ciudad por parte de los niños, en donde éstos ejercen su poder de agencia y se les otorga un lugar de legitimidad y diálogo en la planificación urbana (James *et ál.*, 1998; NUNC, 2012) y proyectos más cercanos al ámbito de la gestión que promueven el valor de los niños en las ciudades, como *The Child Friendly Cities*[1] (Riggio, 2002; Thomas *et ál.*, 2008) y "La ciudad de los niños" propuesta por el pedagogo Francesco Tonnuci[2], o a nivel local los "Consejos de Niños" en la ciudad de Rosario o la Ciudad de Buenos Aires[3]. Estos coinciden en afirmar que: 1) hay que involucrar a los niños en el debate de la ciudad; 2) el juego es un elemento esencial en las políticas urbanas; 3) las ciudades no están pensadas para los niños, son espacios hostiles para ellos, por lo tanto existe la necesidad de repensar el espacio urbano; 4) los niños tienen diferentes criterios en lo que respecta al movimiento y placer en el espacio urbano señalando, por ejemplo, que son peatones por excelencia. Su existencia da cuenta de una problemática de interés global y de una creciente inserción en la agenda de los temas urbanos. Estas experiencias muestran el valor del intercambio de ideas entre pobladores –tanto niños, jóvenes como adultos–, académicos, funcionarios políticos, técnicos de ONGs, desarrolladores urbanos, etc. Espero que esta etnografía pueda contribuir en esta línea de trabajo.

---

1   *The Child Friendly Cities* es una red internacional de gobiernos, promocionada por UNICEF, cuyo fin es hacer de las ciudades "mejores" lugares para los niños e involucrarlos en este proceso. El objetivo de esta propuesta es definir los elementos que hacen a un barrio "amigable" con los niños y traducirlos en principios de diseño urbano. Desde esta postura, los gobiernos –mayormente municipios– que adhieren a esta red prestan atención a los espacios de juegos formales e informales, a las redes de apoyo comunitario, a los negocios y lugares de encuentro, y a los lugares en donde los niños comparten experiencias y tiempo con pares, jóvenes y adultos. Estos estudios demuestran que las prácticas de los niños pueden ser mapeadas a través de etnografías. Para más información sobre esta iniciativa ver: [www.childfriendlycities.org].

2   Este proyecto promueve la autonomía y participación de los niños a través del intercambio de ideas entre agentes de gobierno y niños, y se desarrolla a nivel internacional. Para más información sobre este proyecto se puede acceder a: [www.lacittadeibambini.org].

3   Ambas experiencias siguen la línea de trabajo de Tonucci. Más datos sobre la experiencia en Rosario: [http://www.rosario.gov.ar/sitio/desarrollo_social/infancia/consejos1.jsp]. Más datos sobre la experiencia de la Ciudad de Buenos Aires: [http://buenosairesciudadamiga.blogspot.com.ar/].

Ciudades a pie

> *"Lo que importa no es el camino, sino lo que el caminante hace de él".*
>
> (Le Breton, 2014: 127)

La vida en estos "asentamientos informales" se muestra mucho más que en otros barrios, en parte por las dimensiones de los espacios públicos y privados en relación con la cantidad de habitantes que hacen de *la calle* una extensión de las casas, pero sobre todo por la centralidad que tienen las relaciones sociales en la forma de organizar el tiempo y el espacio de las personas. Los pobladores hablan –con palabras, con imágenes y con el cuerpo– sobre esta forma de vivir en *el barrio*, sobre la vitalidad que se ve y percibe cuando uno *camina el barrio* con ellos. En este sentido, los niños son peatones por excelencia y dan cuenta de la vida en las ciudades aprendidas a pie y en movimiento.

Desde que pisé *el barrio* por primera vez, siempre he escuchado por parte de los habitantes, niños y adultos, pero también por parte de técnicos y políticos la metáfora de *caminar el barrio* para valorar positivamente la forma de actuar, trabajar o conocer los barrios. *Caminar el barrio* implica encontrarse con las personas que lo habitan, conversar, confrontar, esquivar, y también ignorar; involucrarse corporal y emocionalmente. La experiencia de *caminar el barrio* implica un espacio social, ver más allá de lo estético, de los rótulos o de lo que parece ser, implica conocer y aprender la trastienda de *el barrio*, los vínculos que no se explican con planos urbanísticos de uso del suelo o "pliegos de licitación". Ingold (2010) explica que caminar es una actividad social, que se enseña y aprende, que cambia según con quién uno camine y según las condiciones del ambiente. En este sentido, creo que es importante reflexionar sobre las formas de hacer y estar en los barrios de técnicos, funcionarios y planificadores urbanos. Muchos de ellos *caminan el barrio* y otros tan sólo hacen "recorridas" o "diagnósticos" que confirman "pliegos" sin reparar en la vida en *el barrio*. Como vimos, ambas formas de circular conviven en la construcción y disputa de los espacios, y responden a dinámicas cambiantes y ambivalentes. Incorporar las prácticas de los sujetos –que piensan, sienten e interactúan con "otros"– seguramente sea valioso para comprender los conflictos y contradicciones de los programas de urbanización "formales" en "asentamientos informales".

El desarrollo de esta investigación me ha llevado a formular nuevas preguntas. ¿Cómo se problematiza la distancia entre un adulto y un niño, y sobre un adulto "no nativo" y un niño? ¿Cómo el investigador se despoja de la estética y las prácticas aprehendidas para poder reparar en formas de experiencias urbanas diferentes a las propias? ¿Cómo las propuestas de planificación urbana "formales" pueden incorporar otras formas de expresión, como los grafitis y murales, el lenguaje del cuerpo, las formas lúdicas e imaginativas de estar en los barrios en la construcción y organización del paisaje urbano? ¿Cómo se incorpora "la diversidad" en programas del Estado que proponen modelos homogéneos? ¿Cómo se pueden mapear los circuitos de la movilidad y la dinámica de la vida cotidiana?

Este trabajo no responde a estas preguntas, pero estaré conforme si al menos sirve para pensar que todos los que habitamos en las ciudades ocupamos un lugar en este entramado de disputas de sentidos y que con nuestras prácticas lo reafirmamos y lo renegociamos constantemente, muchas veces invisivilizando aquellas prácticas y sentidos que no se ajustan a nuestra lógica de ver, pensar y sentir el mundo.

Hace poco fui a buscar a mi hija a la casa de una amiga y pasé por la calle que bordea a una de las "villas" más grande del partido en el que resido. No me sorprendió la cantidad de postas policiales y gendarmes armados, tampoco el flamante centro de salud, ni las construcciones de los planes de vivienda, ni los juegos nuevos de una plaza. Sí me llamó la atención un grafiti que decía: "*No somos peligrosos, estamos en peligro*". Nos detuvimos en un semáforo, justo al lado de la plaza, en donde se escuchaba a los niños gritar y se los veía hamacándose en los juegos. La imagen y los sonidos transmitían mucha vitalidad y alegría. Mi hija me pidió ir a esa plaza. Tristemente, seguí la marcha. Una vez más, un niño me enfrentaba con el desafío de concebir una ciudad inclusiva, no sólo en la teoría sino en la práctica cotidiana.

Con esta etnografía pude reflexionar sobre el modelo de ciudad racional aprendido y a través del cual miré *el barrio* durante mis prácticas como técnica y aun en muchas de las actividades de trabajo de campo como investigadora, modelo que reproduce formas de exclusión socio-espacial, poniendo el eje en la infraestructura física, la estética y el diseño de la traza urbana. Repensar *el barrio* fue en sí mismo un proceso de aprendizaje. En este proceso etnográfico, comprendí que para conocer *el barrio, el río, los campos* y las plazas, o cualquier otro espacio de la ciudad, es necesario preguntarse por lo que hacen los sujetos que ocupan, que viven, que aprenden cotidianamente estos espacios. Asimismo, reflexionar sobre los encuentros que nos incomodan cuando circulamos por barrios, "villas" o "asentamientos" probablemente contribuya a comprender las distintas formas de participar en la construcción e invención de las ciudades.

Bibliografía

AGIER, M. (2011). *Antropologia da cidade. Lugares, situações, movimentos*. Sao Paulo: Editora Terceiro Nome.

AGIER, M. (2012). "Pensar el sujeto, descentrar la antropología". *Cuadernos de Antropología Social*, N° 35. Buenos Aires: FFyL-UBA, pp. 9-27.

AUYERO, J. (2001). "Introducción. Claves para pensar la marginación". En: Wacquant, Loïc, *Parias urbanos. Marginalidad en la ciudad a comienzos del milenio*. Buenos Aires: Manantial.

BARABAS, A. M. y BARTOLOMÉ, M. A. (1992). "Antropología y relocalizaciones". *Alteridades* 2 (4), pp. 5-15.

BARTH, F. (1976). "Introducción". *Los grupos étnicos y sus fronteras*. México: Fondo de Cultura Económica, pp. 9-49.

BARTLETT, S. (1997). "The significance of relocation for chronically poor families in the USA". *Environment and Urbanization*, Vol. 9, N° 1, pp. 121-131.

BARTOLOMÉ, L. J. (comp.) (1985). *Relocalizados: Antropología Social de las Poblaciones Desplazadas*. Buenos Aires: IDES.

BERMÚDEZ, N. (2009). *"Los pobres no tienen gusto…". Construcción política del espacio y violencia simbólica*. Prácticas de oficio. Investigación y Reflexión en Ciencias Sociales, N° 5, diciembre. Publicación del Posgrado en Ciencias Sociales UNGS-IDES.

BOURDIEU, P. ([1980] 2007). *El sentido práctico*. Buenos Aires: Siglo Veintiuno Editores. (1ra. edición).

BOURDIEU, P. y WACQUANT, L. ([1992] 2005). *Una invitación a la sociología reflexiva*. Buenos Aires: Siglo XXI.

BOURGOIS, P. (2010). *En busca de respeto. Vendiendo crack en Harlem*. Buenos Aires: Siglo Veintiuno Editores.

CANAL ENCUENTRO (2010). *Documental "Gente Grande". "Rosa Montoya"*. Dirigido por Javier Olivera. Disco 3. Producción de Historias Cinematográficas.

CARIDE, H.; AROSSI, S. y CARUSO, C. (1996). *Evaluación de Proyecto dotación de servicios básicos Barrio San Jorge, Partido de San Fernando, Pcia. de Buenos Aires*. Informe interno.

CONSEJO NACIONAL DE INVESTIGACIÓN. Instituto de Ciencias y Tecnología del Conocimiento (s/f). *La ciudad de los niños*. Disponible en: [www.lacittadeibambini.org].

CORRIGAN, P. y SAYER, D. (1985). "Introducción". *The Great Arch. English State Formation as Cultural Revolution*. Oxford, GB: Basil Blackwell.

CRAVINO, M.C.; DEL RÍO, J.P. y DUARTE, J.I. (2008). "Magnitud y crecimiento de las villas y asentamientos en el Área Metropolitana de Buenos Aires en los últimos 25 años". En: AVINA, IGC-Instituto de Gestión de Ciudades,

Agenda Megaciudad. Disponible en: [http://www.igc.org.ar/megaciudad/N3/Asentamientos%20Irregulares%20AMB.pdf]. Consulta: septiembre 2014.

DE CERTEAU, M. (2000). *La invención de lo cotidiano I. Artes de hacer.* Instituto Tecnológico y de Estudios Superiores de Occidente, A.C. México: Universidad Iberoamericana.

DEL RÍO LUGO, N. (2007). *Niñez y juventud. Dislocaciones y mudanzas.* México DF: Universidad Autónoma Metropolitana Xochimilco.

DEN BESTEN, O. (2010). "Local belonging and 'geographies of emotions': Immigrant children's experience of their neighbourhoods in Paris and Berlin". *Childhood* 17 (2), pp. 181-195. Disponible en: [http://chd.sagepub.com/].

DE VISSCHER, S. y BOUVERNE-DE BIE, M. (2008). "Children´s Presence in the Neighbourhood: A Social-Pedagogical Perspective". *Children & Society*, Vol. 22. Ghent, Belgium: Department of Social Welfare Studies, Ghent University, pp. 470-481.

DÍAZ, B. M. y VÁSQUEZ, S. (eds.) (2010). *Contribuciones a la antropología de la infancia. La niñez como campo de agencia, autonomía y construcción cultural.* Bogotá: Editorial Pontificia Universidad Javeriana.

DIKER, G. y FRIGERIO, G. (2008). *Infancia y derechos: las raíces de la sostenibilidad. Aportes para un porvenir.* Oficina Regional de Educación de la UNESCO para América Latina y el Caribe. Santiago: Andros Ltda.

DI VIRGILIO, M. M.; ARQUEROS MEJICA, M. S.; GUEVARA, T. y PEREA, C. M. (2012a). "Accidentes, decisiones y sorpresas: Un relato acerca de cómo es posible abordar las transformaciones de urbanizaciones populares en el Área Metropolitana de Buenos Aires". *Revista Latinoamericana de Metodología de la Investigación Social*, Nº 3, Año 2, abril-septiembre, Argentina, pp. 20-33.

DI VIRGILIO, M. M.; ARQUEROS MEJICA, M. S. y GUEVARA, T. (2012b). "Conflictos urbanos en los procesos de regularización de villas y asentamientos informales en la región metropolitana de Buenos Aires (1983-2011)". *Urban NS04*, pp. 43-60.

DI VIRGILIO, M. M. y VIO, M. (2009). *La geografía del proceso de formación de la Región Metropolitana de Buenos Aires.* Versión preliminar, julio, pp. 1-20. Disponible en: [http://www.lahn.utexas.org/Case%20Study%20Cities/Innerburb/BA/UrbanizacionAMBA.pdf].

DOUGLAS, M. (1986). "Capítulo 8: Las instituciones se ocupan de la clasificación". *Cómo piensan las instituciones.* Madrid: Alianza Universidad, pp. 135-170.

DUQUE PÁRAMO, M. C. (2008). "Las niñas y los niños, actores sociales investigando y construyendo saberes". En: Díaz, B. M. y Vásquez, S. (eds.) (2010), *Contribuciones a la antropología de la infancia. La niñez como campo de agencia, autonomía y construcción cultural.* Bogotá: Editorial Pontificia Universidad Javeriana, pp. 87-105.

ELÍAS, N. y SCOTSON, J. L. (2000). "Introduçao". *Os Estabelecidos e os Outsiders.* Río de Janeiro: Jorge Zahar, pp. 19-50.

ELORZA, A. L. (2009). "Política de erradicación de Villas: impactos en la calidad de vida de las familias relocalizadas. Estudio de caso: Ciudad de los Niños". *Dossier de Confluencias*, Nº 67. Córdoba.

FONSECA, C. (2000). *Familia, fofoca e honra. Etnografia de relações de gênero e violência em grupos populares.* Porto Alegre: Editora da universidade UFRGS.

FOUCAULT, M. ([1978] 1996). *Microfísica del poder.* Madrid: La Piqueta.

FREDERIC, S. (2005). "El ocaso del villero y la profesionalización de los políticos". *Etnografías Contemporáneas*, Año 1. Buenos Aires: Universidad Nacional de San Martín, pp. 141-170.

GANDULFO, C. (2007). *Entiendo pero no hablo. El guaraní 'acorrentinado' en una escuela rural: usos y significaciones.* Buenos Aires: Editorial Antropofagia.

GARCÍA CANCLINI, N. (2004). *Diferentes, desiguales y desconectados. Mapas de la interculturalidad*. Barcelona: Gedisa.

GARCÍA SILVA, R. (2014). *Los chicos en la calle. Llegar, vivir y salir de la intemperie urbana*. Buenos Aires: Espacio Editorial.

GOFFMAN, E. (1963). *Estigma. La identidad deteriorada*. Buenos Aires: Amorrortu Editores.

GRAVANO, A. (2003). *Antropología de lo barrial. Estudios sobre producción simbólica de la vida urbana*. Buenos Aires: Ed. Espacio.

GRAVANO, A. (2009). "La proyección del enfoque etnográfico hacia la facilitación organizacional en procesos participativos de planificación urbana". *Horizontes Antropológicos*, Año 15, N° 32, jul./dic. Porto Alegre, pp. 81-114.

GRAVANO, A. y GÚBER, R. (1991). *Barrio sí, villa también. Dos estudios de antropología urbana sobre producción ideológica de la vida cotidiana*. Buenos Aires: Centro Editor de América Latina.

GREGORI, M. F. (2000). *Viração. Experiências de meninos nas ruas*. São Paulo: Ed. Companhia Das Letras.

GRIMSON, A. (comp.) (2000). *Fronteras, naciones e identidades. La periferia como centro*. Buenos Aires: CICCUS-La Crujía.

GUBER, R. (1984). "Identidad social villera". En: Boivin, M.; Rosato, A. y Arribas, V., "Capítulo 3: La construcción del otro por la desigualdad", *Constructores de Otredad*. Buenos Aires: Antropofagia (2004), pp. 115-125.

GUBER, R. (1991). *El Salvaje Metropolitano*. Buenos Aires: Legasa SA.

GUBER, R. (2001). *Etnografía. Método, campo y reflexividad*. Buenos Aires: Editorial Norma.

GUERRERO, A. L. (2009). *Exploring the relationship between displaced children identities and place in a hostile settlement context*. Presentación en Simposio Internacional "Encuentros etnográficos con niñ@s y adolescentes en contextos educativos". Buenos Aires: IDES, 5-6 de noviembre.

HALL, E. T. (1968). "Proxemics". *Current Anthropology* 9 (2). En: Low, S. M. y Lawrence-Zúñiga, D. (2003), *The anthropology of space and place; locating culture*. Singapore: Blackwell Publishing, pp. 51-73.

HARDOY, A.; HARDOY, J. E. y SCHUSTERMAN, R. (1991). "Building community organization: the history of a squatter settlement and its own organizations in Buenos Aires". *Environment and Urbanization*, Vol. 3, N° 2, October, pp. 104-120.

HARDOY, J. E. y SATTERTHWAITE, D. (1987). *La ciudad legal y la ciudad ilegal*. Buenos Aires: Grupo Editor Latinoamericano-IIED-América Latina.

HARDOY, J.; SIERRA, G.; TAMMARAZIO, A.; LEDESMA, G.; LEDESMA, L. y GARCÍA, C. (2010). "Aprendiendo de los jóvenes y de nuestra propia experiencia en el Barrio San Jorge". *Medio Ambiente y Urbanización*, N° 73-74 , nov.-abr., 2010-2011, pp. 125-146.

HOLLOWAY, S. y VALENTINE, G. (2000). *Children's Geographies. Playing, living, learning*. London and New York: Routledge.

HUBBARD, P. y KITCHIN, Rob (eds.) (2011). *Key Thinkers on Space and Place*. London: Sage Publications. Second Edition.

IIED-AL (2005). *La lucha por acceder al agua. La tierra, la expansión y prestación de servicios de agua y saneamiento en barrios informales de Buenos Aires*. Buenos Aires: IIED-América Latina Publicaciones.

IIED-AL (2009). Película "El agua era un sueño". Buenos Aires. Disponible en: [http://www.iied-al.org.ar/home.html].

INDEC (2001). *Censo Nacional de Población, Hogares y Vivienda 2001*. Disponible en: [http://www.indec.gov.ar/].

INDEC (2010). *Censo Nacional de Población, Hogares y Vivienda 2010*. Disponible en: [http://www.censo2010.indec.gov.ar/].

INGOLD, T. y LEE VERGUNST, J. (2010). "Introduction". En: Ingold, T. & Lee Vergunst, J. (eds.), *Ways of walking. Ethnography and practice on foot.* Surrey, UK: Ashgate Publishing Company, pp. 1-20.

JACK, M. (s/f). *Poverty, children and shelter.* Homeless International. Disponible en: [http://www.ucl.ac.uk/dpu-projects/drivers_urb_change/urb_infrastructure/pdf_shelter_settlements/HI_Jack_Poverty_Children_Chelter.pdf].

JAMES, A.; JENKS, C. y PROUT, A. (1998). "Play as Childhood Culture?". *Theorizing Childhood.* Cambridge: Polity Press, pp. 81-100.

JANCHES, F. y ROHM, M. (2012). *Interrelaciones urbanas.* Buenos Aires: Piedra, Papel y Tijera SA.

KUPER, H. (1972). "The Language of Sites in the Politics of Space". *American Anthropologist* 74 (3), pp. 411-25. En: Low, S. M. y Lawrence-Zúñiga, D. (eds.) (2003), *The anthropology of space and place; locating culture.* Singapore: Blackwell Publishing, pp. 247-263.

LE BRETON, D. (2014). *Caminar. Elogio de los caminos y de la lentitud.* Buenos Aires: Waldhuter Editores.

LEFEBVRE, H. ([1974] 1991). *The Production of Space.* N. Donaldson-Smith trans. Oxford: Basil Blackwell.

LEFEBVRE, H. (2011). "Henri Lefebvre". En: Hubbard, P. y Kitchin, R. (eds.), *Key Thinkers on Space and Place.* London: Sage Publications. Second Edition.

LOMNITZ, C. (1995). *Salidas del laberinto.* México: Planeta.

LOW, S. M. (1996). "The Anthropology of cities: Imagining and Theorizing the City". *Annual Reviews*, 25, pp. 383-409.

LOW, S. M. y LAWRENCE-ZÚÑIGA, D. (2003). *The anthropology of space and place; locating culture.* Singapore: Blackwell Publishing.

MALONE, K. (2002). "Street life: youth, culture and competing uses of public space". *Environment & Urbanization*, Vol. 14, N° 2. London, pp. 157-168.

MASON, J. y TIPPER, B. (2008). "Being Related: How children define and create kinship". *Childhood* 15, pp. 441-460. Disponible en: [http://chd.sagepub.com/content/15/4/441].

MASSEY, D. (1994). *Space, Place, and Gender.* Minneapolis: University of Minnesota Press.

MCILWAINE, C. (2008). *Challenging displacement: livelihood practices among Colombian migrants in London.* The Leverhulme Trust, Department of Geography Queen Mary, University of London.

MIGNOLO, W. D. (2003). "Prefacio a la edición castellana: 'Un paradigma otro': Colonialidad global, pensamiento fronterizo y cosmopolitismo crítico". *Historias locales/diseños globales. Colonialidad, conocimientos subalternos y pensamiento fronterizo.* Madrid: Ed. Akal, pp. 19-60.

MILSTEIN, D. (2009). *La Nación en la escuela. Viejas y nuevas tensiones políticas.* Buenos Aires: Miño y Dávila editores.

MILSTEIN, D. (2010). "Escribir con niñ@s. Una posibilidad de coautoría en la investigación etnográfica". *Reflexão & Ação*, Vol. 18, N° 2, pp. 65-91.

MILSTEIN, D. (2013). "Cuerpos que se desplazan y lugares que se hacen. Experiencias etnográficas con niños en dos barrios populares de la Argentina". *Sociedade e Cultura*, Goiânia, Vol. 16, N° 1, jan./jun., pp. 69-80.

MILSTEIN, D.; CLEMENTE, A.; DANTAS-WHITNEY, M.; GUERRERO, A. L. y HIGGINS, M. (2011). *Encuentros etnográficos con niñ@s y adolescentes. Entre tiempos y espacios compartidos.* Buenos Aires: Miño y Dávila editores.

MIZEN, P. y OFUSU-KUSI, Y. (2010). "Asking, giving, receiving: Friendship as survival strategy among Accra´s street children". *Childhood*, Vol. 17 (4), pp. 441-454.

MIZEN, P. y OFUSU-KUSI, Y. (2013). "Agency as vulnerability: accounting for children's movement to the streets of Accra". *The Sociological Review*, Vol. 61, pp. 363-382.

MÜLLER, F. (2010). "Um Estudo Etnográfico sobre a Família a partir do Ponto de Vista das Crianças". *Currículo sem Fronteiras*, Vol. 10, pp. 246-264. Disponible en: [www.curriculosemfronteiras.org].

MÜLLER, F. (2012). "Infância e Cidade: Porto Alegre através das lentes das crianças". *Educaçao & Realidade*, Vol. 37, Nº 1, pp. 295-318. Porto Alegre. Disponible en: [http://www.ufrgs.br/edu_realidade].

MUNICIPALIDAD DE SAN FERNANDO. Departamento Ejecutivo (2009). *"Plan de Desarrollo Urbano". Proyecto de Ordenanza.* Agosto-Noviembre 2009. Expte. 3235/08.

MUNICIPIO DE SAN FERNANDO. [http://www.sanfernando.gov.ar/]. Consulta: 26-03-2013.

NASSIF, N.; MUSSI, J.; ARCE, R. y GIMÉNEZ, S. (2010). *Estudio de Caso "Alianzas para la Reducción de la Pobreza". Barrio San Jorge, San Fernando Provincia de Buenos Aires.* Disponible en: [http://www.gestionsocial.org/archivos/00000710/BM_San_Jorge.pdf].

NESPOR, J. (1997). *Tangled Up in School: Politics, Space, Bodies, and Signs in the Educational Process.* Virginia Polytechnic Institute and State University. New Jersey: Lawrence Erlbaum Associates Publishers.

NOVICK, A. (2004). *Historias del Urbanismo / Historias de la Ciudad. Una revisión de la bibliografía.* Seminario de Crítica. Instituto de Arte Americano e Investigaciones Estéticas, Nº 137, mayo. Disponible en: [http://www.iaa.fadu.uba.ar/publicaciones/critica/0137.pdf].

NUNC –New Urbanisms, New Citizens– (2012). *Children and Young People's Everyday Life and Participation in Sustainable Communities.* Leicester & Northampton: Warwick University. Disponible en: [http://newcitizens.wordpress.com/].

ORTIZ GUITART, A. (2007). "Geografías de la infancia: descubriendo «nuevas formas» de ver y de entender el mundo". *Documents d'Analisis Geogràfica*, Nº 49. Barcelona: Universitat Autònoma de Barcelona, Departament de Geografia, pp. 197-216.

OTASO, A. (2008). *Las políticas sociales, ¿son o se hacen? Un programa social nacional apostando una respuesta antropológica.* Tesis de Maestría en Antropología Social. IDES-IDAES-UNSAM. Director de Tesis: Mauricio Boivin.

PAVCOVICH, P. (2011). *El Barrio. Lo social hecho espacio.* Universidad Nacional de Villa María. Córdoba: EDUVIM.

PETTIT, B. (2004). "Moving and Children's Social Connections: Neighborhood Context and the Consequences of Moving for Low-Income Families". *Sociological Forum*, Vol. 19, Nº 2, pp. 285-311.

PIRES DO RIO CALDEIRA, T. (2007). *Ciudad de muros.* Barcelona: Gedisa Editorial. 1ra edición castellana.

PROGRAMA MEJORAMIENTO DE BARRIOS (PROMEBA). Ministerio de Planificación Federal, Inversión Pública y Servicios. Secretaría de Obras Públicas. Subsecretaría de Desarrollo Urbano y Vivienda. Disponible en: [http://www.promeba.org.ar]. Consulta: mayo 2013.

PROGRAMA MEJORAMIENTO DE BARRIOS (2004a). *Guía para la Regularización Dominial. Fases I y II.* Préstamo BID 940 OC-AR. Documentos operativos. Disponible en: [www.promeba.org.ar]. Consulta: noviembre 2013.

PROGRAMA MEJORAMIENTO DE BARRIOS (2004b). *Plan de Intervención Ambiental. Fase II.* Préstamo BID 940 OC-AR. Documentos operativos. Disponible en: [www.promeba.org.ar]. Consulta: noviembre 2013.

QUIRÓZ, J. (2006). *Cruzando la Sarmiento. Una etnografía sobre piqueteros en la trama social del sur del Gran Buenos Aires.* Buenos Aires: Editorial Antropofagia.

REDMOND, G. (2008). *Children's Perspectives on Economic Adversity: A Review of the Literature.* UNICEF Innocenti Research. Discussion Papers IDP Nº 2008-01, March.

REYNOSO, C. (2010). "Posicionamiento: Perspectiva desde la antropología urbana". *Análisis y diseño de la ciudad compleja. Perspectivas desde la antropología urbana.* Buenos Aires: Editorial Sb, pp. 11-38.

RIGGIO, E. (2002) "Child Friendly cities: good governance in the best interests of the child". *Environment & Urbanization*, Vol. 14, Nº 2. London, pp. 45-59.

RODRÍGUEZ, M. C.; DI VIRGILIO, M. M.; PROCUPEZ, V.; VIO, M.; OSTUNI, F.; MENDOZA, M. y MORALES, B. (2007). *Producción social del hábitat y políticas en el Área Metropolitana de Buenos Aires: historia con desencuentros.* Documentos de Trabajo Nº 49. Buenos Aires: Instituto de Investigaciones Gino Germani, Facultad de Ciencias Sociales, UBA. Disponible en: [http://lanic.utexas.edu/project/laoap/iigg/dt49.pdf].

RYBCZYNSKI, W. (1991). *La casa. Historia de una idea.* Buenos Aires: Emecé Editores.

SÁNCHEZ, S. (comp.) (2007). *El mundo de los jóvenes en la ciudad.* Rosario: CEA-CU Ediciones - Laborde Editor.

SANÍN SANTAMARÍA, J. D. (2008). "Hogar en tránsito. Apropiaciones domésticas de la Vivienda de Interés Social (VIS) y reconfiguraciones del sentido de hogar". *Antípoda*, Nº 7, julio-diciembre, pp. 31-61.

SANTOS, M. (1996). *Metamorfosis del espacio habitado.* Barcelona: Oikos-Tau.

SATTERTHWAITE, D.; HART, R.; LEVY, C.; MITLIN, D.; ROSS, D.; SMIT, J. y STEPHENS, C. (1996). *The environment for children.* UNICEF. London: Earthscan Publications Ltd.

SCHUSTERMAN, R. y HARDOY, A. (1997). "Reconstructing social capital in a poor urban settlement: the Integral Improvement Programme in Barrio San Jorge". *Environment and Urbanization*, Vol. 9, Nº 1, April, pp. 91-119.

SEGATO, R. (2007). "En busca de un léxico para teorizar la experiencia territorial contemporánea". *La Nación y sus otros. Raza, etnicidad y diversidad religiosa en tiempos de políticas de la identidad.* Buenos Aires: Prometeo Libros, pp. 71-97.

SEGURA, M. (2011). *Te cuento San Fernando.* Buenos Aires: Colección Círculo de la Historia.

SEGURA, M. (2012). *San Fernando Total. Una visión de nuestra historia.* Buenos Aires: Colección Círculo de la Historia.

SEGURA, R. (2006). *Segregación residencial, fronteras urbanas y movilidad territorial. Un acercamiento etnográfico.* Cuadernos del IDES Nº 9. Buenos Aires: Instituto de Desarrollo Económico y Social.

SEGURA, R. (2009). "Paisajes del miedo en la ciudad. Miedo y ciudadanía en el espacio urbano de la Ciudad de La Plata". *Cuaderno Urbano. Espacio, Cultura, Sociedad*, Vol. 8, Nº 8, octubre, pp. 59-91.

SEGURA, R. (2013). "Los sentidos del lugar. Temporalidades, relaciones sociales y memorias en un barrio segregado de La Plata (Argentina)". *Sociedade e Cultura*, Vol. 16, Nº 1, jan./jun. Goiânia, pp. 59-68.

SIERRA, G.; CARLINO, S.; BRONZUOLI, P. y GARCÍA, C. (2010). "El rol de los promotores comunitarios en el trabajo barrial con los jóvenes del barrio San Jorge. Un relato de experiencia". *Medio Ambiente y Urbanización*, Nº 73-74, nov.-abr., 2010-2011, pp. 147-172.

SIMMEL, G. (2010). *El conflicto. Sociología del antagonismo.* Madrid: Ediciones Sequitur.

SVAMPA, M. (2009). "Los muros de la exclusión". *Revista Ñ*, 18/04/2009. Disponible en: [http://maristellasvampa.net/publicaciones-periodisticos.shtml].

SWARTZ, M. J.; TURNER, V. W. y TUDEN, A. (1994). "Antropología política: una introducción". *Alteridades*, Vol. 4, Nº 8. Iztapalapa, México: Universidad Autónoma Metropolitana, pp. 101-126. Disponible en: [http://redalyc.uaemex.mx/src/inicio/ArtPdfRed.jsp?iCve=74711353010].

TAMMARAZIO, A. (2014). "Entre la planificación y las prácticas cotidianas del espacio público. Una experiencia etnográfica con niños en dos barrios del conurbano bonaerense en proceso de urbanización". *Argumentos. Revista de crítica social*, 16, pp. 228-262. Disponible en: [http://revistasiigg.sociales. uba.ar/index.php/argumentos/index].

THOMAS, J.; HART, R. y ILTUS, S. (2008). *Report on the theme "Assessment" Conference Child in the City.* Rotterdam, The Netherlands: European Network Child Friendly Cities. November.

TONUCCI, F. (2005). "Citizen Child: Play as Welfare Parameter for Urban Life". *Topoi*, Nº 24, pp. 183-195. Disponible en: [http:// www.lacittadeibambini.org/pubblicazioni/ articoli/articolo_Topoi.pdf].

TONUCCI, F. (s/f). *La ciudad de los niños.* Roma: Istituto di Psicología del CNR.

UN HABITAT - UNITED NATIONS HUMAN SETTLEMENTS PROGRAMME (2011). *Losing your home. Assessing the impact of eviction.*

UN HABITAT - UNITED NATIONS HUMAN SETTLEMENTS PROGRAMME (2012). *Global Urban Indicators Database 2012.* Disponible en: [http://ww2.unhabitat.org/ programmes/guo/guo_indicators.asp].

UN HABITAT (2012). *State of the World's Cities Report 2012/2013: Prosperity of Cities.* United Nations Human Settlements Programme. World Urban Forum edition.

UN TECHO PARA MI PAÍS ARGENTINA (2011). *Relevamiento de villas y asentamientos en el Gran Buenos Aires. Catastro Gran Buenos Aires 2011.*

UNICEF. Child Friendly Cities. [www.child-friendlycities.org].

UNIDAD MUNICIPAL DE ESTADÍSTICAS Y CENSOS (UMEC) (2006). *La población de San Fernando. Estadísticas sociodemográficas 2005-2006. Encuesta Sociodemográfica y Económica de San Fernando*, Año 1, Nº 1.

UNIDAD MUNICIPAL DE ESTADÍSTICAS Y CENSOS (UMEC) (2010). *Encuesta Sociodemográfica y Económica de San Fernando.* ESDE. Agosto.

UNIDAD MUNICIPAL DE ESTADÍSTICAS Y CENSOS (UMEC) (2011). *Pobreza, Indigencia y Quintiles de Ingreso en San Fernando.* Informe Técnico Nº 15. Noviembre.

UNITED NATIONS HUMAN SETTLEMENTS PROGRAMME & UNITED NATIONS ECONOMIC AND SOCIAL COMMISSION FOR ASIA AND THE PACIFIC (2008). *Housing the Poor in Asian Cities, Quick guide 4.*

VOGEL, A. (2006). *Etnografía com criancas e adolescentes: Retrospecto de uma experiencia.* 8vo. Congreso Argentino de Antropología Social. Simposio 22: Niñez y Juventud: Perspectivas en Disputa y Abordaje Etnográfico. Sub-bloque: Etnografía con Niños y Niñas, 19-22 de septiembre. Salta.

VOGEL, A.; DE OLIVEIRA VOGEL, V. L. y DE ALMEIDA LEITÃO, G. E. (1995). *Como as crianças vêem a ciudade.* FLACSO, UNICEF. Rio de Janeiro: Pallas Editora.

WACQUANT, L. (2001). *Parias urbanos. Marginalidad en la ciudad a comienzos del milenio.* Buenos Aires: Manantial.

ZAPATA, L. (2005). *La mano que acaricia la pobreza. Etnografía del voluntariado católico.* Buenos Aires: Editorial Antropofagia.